幸福不是公式，
學會傾聽內心，找到心中真正的富足

從容人生學

林安然 著

― 12條哈佛幸福法則 ―

◎苦難來臨，你選擇逃避還是面對？
◎明明擁有很多，卻還是覺得不滿足？
◎名、利、權……成功真的等於幸福嗎？

真正的富足，是從心靈深處感到滿足
人生的智慧，就藏在被忽略的細微處

目錄

前言　　005

第一章
成功的價值 —— 幸福才是終極目標　　009

第二章
在挫折中前行 —— 困境是成長的動機　　025

第三章
少一點名利，多一點幸福　　047

第四章
情緒管理 —— 學會轉念，擁抱樂觀　　065

第五章
享受生活 —— 珍惜自己，放下比較　　089

目錄

第六章
人際關係 —— 善待他人，成就自己　　113

第七章
友誼的真諦 —— 放下刻薄，溫暖待人　　131

第八章
家庭的羈絆 —— 珍惜當下，莫待遺憾　　151

第九章
讓愛情自由，留給彼此喘息的空間　　165

第十章
用心工作，才能真正快樂　　185

第十一章
學習之道 —— 認真學，瀟灑玩　　211

第十二章
健康為本，打造幸福人生　　231

前言

　　幸福是什麼？這是一個橫跨哲學、心理學與人生體驗的重要課題。美國心理學家馬丁・賽里格曼（Martin Seligman）以「正向心理學」（Positive Psychology）聞名，他的研究揭示了人類如何透過內在思維與行為模式來提升幸福感。他的課程深受學生喜愛，也讓他成為心理學界的重要人物之一。

　　那麼，究竟是什麼促使賽里格曼投入對幸福的研究？我們常說，一個人的經歷會深刻影響他的世界觀與價值觀。賽里格曼年輕時對人生充滿迷惘，總覺得生活應該不只是單純的成功與失敗，而是有更深層的意義。在心理學研究的過程中，他發現許多人即便擁有財富、地位，內心卻依然感到空虛，「什麼樣的生活才能讓人真正感到滿足？」這個問題成為他畢生研究的核心。

　　賽里格曼提出，人們往往誤以為幸福來自於外在成就，例如獲得高薪、擁有豪宅、達成夢想。然而，當這些目標實現後，快樂往往只是短暫的，隨之而來的是新的渴望與焦慮。他認為，真正的幸福來自於內心的狀態，而非外在的條件。這與許多人的生活經驗相符──我們可能曾以為某個目標會帶來終極的快樂，但當我們達成後，卻發現快樂稍縱即

> 前言

逝，甚至感到更大的空虛。

有一則故事能幫助我們理解這種心理。一名男子年輕時深愛著一位美麗且聰慧的女子，但命運捉弄，女子最終選擇了別人。男子心灰意冷，在低落中與另一名女子結婚，卻始終無法忘懷過去的戀情。他將對方理想化，認為如果當初能在一起，人生會更幸福。多年後，他終於鼓起勇氣回到過去戀人的家，卻發現對方已變成一位與記憶中完全不同的人——不再年輕，也不再是他心中完美的形象。此刻，他才明白，自己一直活在幻想之中，而真正的幸福其實早已在身邊——他的妻子才是最值得珍惜的人。

這個故事反映了我們經常陷入的思考模式——我們渴望未曾擁有的，卻忽略了已經擁有的。人們往往認為幸福在遠方，但其實，它一直在我們的身邊，只是我們沒有察覺。

那麼，幸福到底是什麼？不同的人有不同的定義。幸福可能是面對困難時仍能微笑的勇氣，是珍惜當下的感恩心態，是與摯愛之人共度的溫暖時光，亦或是擁有健康的身體、平靜的內心。幸福不一定來自轟轟烈烈的成就，而往往藏在日常的點滴之中——一次真誠的談話、一頓溫馨的家常飯、一個鼓勵的眼神，都能帶來滿足與喜悅。

本書正是為了幫助你發掘並理解幸福的本質。我們希望透過這些故事與心理學的見解，讓你能在生活中找到真正

的快樂。如果這本書能帶給你啟發,我們將深感欣慰;如果它能幫助你建立更豐富、更幸福的人生,我們由衷地為你高興。

最後,衷心祝願你 —— 擁有健康快樂的生活,並在每一天都能感受到幸福的光芒!

前言

第一章
成功的價值 ──
幸福才是終極目標

　　如果你總是盯著自己的缺點，沉浸於過去的失敗，那麼人生回報給你的，絕不會是美酒般的甘甜。

—— 富蘭克林・德拉諾・羅斯福
（Franklin Delano Roosevelt）

第一章　成功的價值─幸福才是終極目標

成功和幸福都要擁有

　　許多人將成功視為人生的終極目標，認為只要功成名就，就能獲得幸福。然而，成功與幸福並不完全劃上等號。如果一個人全心投入追逐成功，卻忽略了日常生活中的快樂，那麼最終可能發現，成功並未帶來真正的滿足感。

　　隨著社會競爭日益激烈，人們對成功的渴望與日俱增，認為成功代表著財富、名聲、地位，甚至是人生的意義。然而，成功究竟是什麼呢？它通常被定義為實現目標的過程，無論是賺取財富、發表論文，還是創立企業，成功的標準多數與外在成就有關。然而，這種成功的衡量方式，真的能帶來持久的快樂嗎？

　　幸福的定義則更為主觀，它是一種內心的感受，是在日常生活中找到滿足感的能力。幸福可以來自與親友共度時光、漫步於山間林道、靜靜地閱讀一本好書，甚至只是沉浸在當下的寧靜之中。幸福並非來自於單純的成就，而是來自於對生活的熱愛與珍惜。

　　心理學家馬丁・賽里格曼指出，成功雖然能帶來短暫的快樂，但真正的幸福來自於更深層的心理狀態，例如擁有正向的人際關係、對人生的意義感、以及持續的自我成長。

> 成功和幸福都要擁有

　　企業家亞歷山大年輕時是一名金融分析師，畢業於世界知名的商學院，進入投資銀行工作後，他以為高薪與職場成功能帶來快樂。然而，當他達成目標，晉升為管理階層後，卻發現自己日漸疲憊，生活被無止境的會議與壓力填滿。他擁有財富與名聲，卻失去了內心的寧靜。

　　有一天，他偶然參加了一場藝術展覽，看到了一幅畫作──畫中的老者坐在湖邊垂釣，臉上洋溢著平靜與滿足。這讓他開始思考：「難道這才是真正的幸福嗎？」最終，他選擇辭去高薪的職位，搬到小鎮開始自己的藝術創作，並將投資經驗應用於幫助新創公司發展。他發現，當自己不再執著於外在成就，而是尋找真正熱愛的事物時，內心才開始感受到快樂。

　　心理學研究顯示，許多人誤以為獲得更多的財富、地位或權力，就能帶來更大的幸福。然而，諾貝爾經濟學獎得主丹尼爾‧康納曼（Daniel Kahneman）的研究顯示，當收入超過一定程度後，額外的財富並不會顯著提升幸福感。相反地，收入較高的人往往承受更大的壓力，反而難以真正享受生活。

　　這說明，當我們過度追求成功，卻忽略了生活本身的價值時，可能會陷入「成功的陷阱」──即便我們實現了目標，內心仍舊感到空虛。這正是許多人在人生高峰時，仍然

第一章　成功的價值—幸福才是終極目標

感到不滿足的原因。

在我們的社會中,「成功」往往被定義為擁有財富、權力或社會地位,而「幸福」則被視為成功的附屬品。然而,這種觀念值得重新審視。真正的幸福,來自於對生活的熱愛、對關係的珍惜,以及對內在價值的肯定。

心理學家愛德華·迪西（Edward Deci）與理查德·萊恩（Richard Ryan）提出的「自我決定理論」（Self-Determination Theory）指出,人類的幸福來自於三個核心需求:自主性（Autonomy）、能力感（Competence）與關聯性（Relatedness）。換句話說,當我們能夠自主決定自己的人生,感受到自身的能力,並擁有深厚的人際關係時,才會真正感到幸福。

有一位年輕的小提琴家,從小夢想成為世界頂尖的音樂家。他日以繼夜地練習,甚至犧牲了與朋友、家人相處的時間,只為了達成心中的目標。然而,在某次比賽獲得冠軍後,他卻發現自己的內心並未因此感到真正的快樂。這時,他的一位老師告訴他:「如果拉琴讓你快樂,那麼你已經成功了,為什麼還要用別人的標準來衡量自己的成就呢?」

這句話讓他開始反思,他意識到,自己真正熱愛的是音樂本身,而非獲獎帶來的榮耀。從那時起,他改變了練習的心態,不再為了競爭而彈奏,而是為了享受音樂的美好。他發現,當自己放下對「成功」的執念時,內心反而獲得了更多

的自由與快樂。

在人生的旅程中,成功固然重要,但幸福才是最終的目標。我們應該學會欣賞當下,珍惜眼前的人與事,而非盲目追逐社會賦予的成功標準。當我們真正理解並接受這一點時,或許會發現,幸福早已在我們身邊,等待我們去發掘。

第一章　成功的價值—幸福才是終極目標

發揮天賦，找到優勢

在生活中，許多人習慣羨慕別人的成就，卻忽略了自己擁有的才能與資源。其實，每個人都有自己的優勢與特點，只要能夠善加發揮，就能在屬於自己的領域中脫穎而出，走向成功。

成功的關鍵之一，就是專注於自己最擅長的事。人生並非一場單純的智慧競賽，而是一場各展所長的舞臺。如果一個人能夠發揮自身優勢，並持續深耕，那麼成功的機率將大幅提升。

然而，許多人並不清楚自己最擅長的領域，甚至寧願相信別人的評價，而忽視自身的能力。他們習慣模仿別人，卻缺乏對自己的深入探索。事實上，每個人都有獨特的天賦，只是需要花時間去發掘並培養。

根據調查，約28%的人因為找到了適合自己的職業，而得以發揮潛能、掌握命運，最終取得卓越成就。而剩下的72%則因為未能認清自己的專長，長期從事不適合的工作，導致碌碌無為，難以突破困境。

有一個真實案例能說明這一點。一家國際貿易公司中，有兩位年輕的翻譯專員，一位精通西班牙語，另一位則是英語專家。他們都來自頂尖學府，能力不相上下，公司高層也

將他們視為未來管理層的潛在人選。

由於公司主要與南美市場往來，因此西班牙語翻譯的曝光率較高，頻繁參與重要會議與商務談判，無形中獲得了更大的發展機會。看到這種情況，英語翻譯感到焦慮不安，認為若不掌握西班牙語，自己的競爭力將大幅下降。於是，他開始投入學習西班牙語，希望能迎頭趕上對手。

幾年後，他成功通過了西班牙語檢定，並開始參與部分翻譯工作。然而，就在一次與澳洲客戶的重要會議中，他因為長時間未專注於英語專業，不慎在合同翻譯中出錯，導致公司遭受數萬美元的損失。儘管公司最終透過談判挽回了部分損失，但他的職業發展也因此受到影響。

這個故事帶給我們一個重要的啟示──當一個人試圖模仿別人，而忽略了自己的強項時，往往無法真正超越對手，反而可能讓自己原本的優勢逐漸消失。真正的成功來自於發揮自身的專長，而不是試圖成為另一個人。

在生活與職場中，我們應該善於發現自己的優勢，並努力將其發揮到極致。有時，機會就在我們身邊，只是我們未曾察覺。

曾有一位企業家遇到一名街頭藝人，對方擅長雜耍表演，卻因收入不穩定而對未來感到迷茫。企業家問他：「你有沒有想過，或許你的技能可以帶來更大的價值？」

第一章　成功的價值—幸福才是終極目標

　　這名街頭藝人受到啟發後，開始嘗試經營自己的品牌，在社群媒體上分享表演影片，並接受企業活動的邀約。最終，他不僅擁有穩定的收入，還成為業界知名的表演者。

　　這個故事告訴我們，每個人都擁有某種獨特的能力，只是我們需要學會發掘並運用它來創造價值。

　　比爾蓋茲（Bill Gates）曾說：「專注於自己最擅長的事情，才能真正發揮價值。」當微軟創立時，蓋茲與他的創業夥伴保羅‧艾倫（Paul Allen）並未涉足硬體市場，而是專注於軟體開發，這份專注使他們在業界取得無與倫比的成功。

　　另一個經典案例來自於史蒂夫‧賈伯斯（Steve Jobs）。他並不是最頂尖的程式設計師，但他擅長設計與市場定位，於是將心力投入於產品創新，打造出改變世界的蘋果公司。

　　這些例子說明，成功並非來自於「樣樣都會」，而是來自於「發揮所長」。當我們能夠認清自己的優勢，並專注於發展它，就能夠在自己的領域中脫穎而出。

　　成功不是來自於盲目追逐別人的腳步，而是來自於對自身特質的了解與發揮。每個人都有獨特的天賦，只要找到適合自己的領域，並持續深耕，就能夠創造價值，走向成功。

　　與其羨慕別人，不如探索自己的可能性；與其模仿別人，不如發揮自身的強項。當你專注於自己擅長的事情，成功便會向你招手。

也許再試一次就能迎接幸福

在人生的旅途中，每個人都會遇到挑戰與困境。有些人在面對困難時選擇放棄，認為命運已經註定，而另一些人則選擇勇敢面對，相信「再試一次，也許就能成功」。這兩種態度，往往導致截然不同的結局。

心理學家曾經做過一項實驗，證明了「放棄」與「堅持」對結果的影響。

在一個水族箱中，研究人員將一條飢餓的鱷魚與幾隻小魚隔開，兩者之間放了一道透明的玻璃牆。起初，鱷魚一次次嘗試攻擊小魚，但都被無形的障礙擋住，久而久之，牠開始對這場「無法取勝」的戰鬥感到絕望，甚至完全放棄了進食的念頭。當研究人員撤去玻璃板後，小魚就在牠眼前游來游去，然而，鱷魚卻已經失去了再次嘗試的意志，最終餓死。

這個實驗告訴我們，如果在經歷幾次失敗後就選擇放棄，那麼即使機會來臨，也可能因喪失信心而無法抓住。而那些願意「再試一次」的人，則更容易迎來轉機。

有一名年輕人夢想進入國際知名企業工作，他特別嚮往某家科技公司，於是決定主動爭取機會。初次面試時，他的表現並不理想，主管客氣地說：「等你準備好了，可以再來試試。」

第一章　成功的價值─幸福才是終極目標

　　一般人可能會因此氣餒,但這位年輕人沒有放棄。他花了一週時間補強自己的技能,然後再次前往應徵。然而,這一次,他仍然沒能通過面試,但比起第一次,他的表現已有明顯進步。主管又一次對他說:「等你準備好了,再來試試吧。」

　　如此反覆,他一共應試了五次,每一次都比前一次更加進步,最終,他終於獲得錄取,踏入了自己夢寐以求的職場。這名年輕人之所以成功,不是因為他在第一次就表現完美,而是因為他願意不斷提升自己,並在每一次機會來臨時,把握住它。

　　這正應驗了美國心理學教授傑羅姆・凱根(Jerome Kagan)的觀點:「當你認為自己已經無法再繼續時,其實你比想像中還要堅強。」我們遠比自己想的更具韌性,只要願意多撐一會兒,結果可能會完全不同。

　　在美國,一份名為《黑人文摘》(*Negro Digest*)的雜誌剛創刊時,前景並不樂觀,發行人約翰・強森(John H. Johnson)希望透過知名人士的撰稿來提高關注度。他心想,如果能邀請羅斯福總統夫人愛蓮娜(Eleanor Roosevelt)撰文,雜誌的影響力必定大幅提升。

　　於是,他寫了一封誠懇的信給羅斯福夫人,但對方回覆:「很抱歉,我的行程太滿,沒有時間撰稿。」這樣的回覆

也許再試一次就能迎接幸福

或許會讓一般人知難而退,但強森並未放棄。他再次寫信,結果仍被拒絕。

接下來的幾個月裡,他每隔半個月就寄出一封信,每封信的內容都更加懇切。他相信,只要能夠再試一次,就還有機會。

幾個月後,羅斯福夫人因公務來到芝加哥,強森得知後立刻發了一封電報,懇請她在百忙之中為《黑人文摘》撰寫文章。這一次,羅斯福夫人終於答應了。消息一傳出,雜誌銷量瞬間飆升,由原本的兩萬份躍升至十五萬份,強森的雜誌事業從此步入正軌。

如果強森在第一次、第二次被拒絕時就放棄,那麼他將永遠錯失這個改變命運的機會。而他的堅持,使他最終獲得了成功。

許多偉大的成就,都是建立在「再試一次」的基礎上。

美國演說家戴爾・卡內基（Dale Carnegie）年少時夢想成為演說家,但他的起步並不順遂。在學校演講比賽中,他屢次落敗,甚至懷疑自己的能力,曾經一度考慮放棄。

然而,他的父親對他說了一句話:「為什麼不再試一次?」這句話點醒了他,讓他決定堅持下去。從那天起,他開始每日練習演說,朗誦演講稿,反覆磨練自己的口才。最終,他憑藉一次出色的演說,贏得了競賽,也開啟了自己

019

第一章　成功的價值—幸福才是終極目標

的職業生涯。他後來所著的《溝通與人際關係》(*How to Win Friends and Influence People*)、《公開演講的藝術》(*The Art of Public Speaking*)等書，成為全球熱銷的經典，影響了無數人的人生。

如果當初卡內基選擇了放棄，他的命運將會截然不同。

人生的道路並非一帆風順，每個人都會遇到挫折與失敗。然而，真正決定命運的，是我們的態度。當你遭遇困境時，你可以選擇停下腳步，接受命運的安排；也可以選擇鼓起勇氣，再試一次，為自己創造新的機會。

每一次的努力，都是向成功邁進的一步。只要願意堅持，幸運便可能在不經意間降臨。

所以，為什麼不再試一次呢？

放下，才能活得自在

　　許多人在人生旅途中背負著沉重的心靈包袱，無論是過去的榮耀、失敗的陰影，還是未來的不確定性，這些都可能讓人疲憊不堪，甚至深陷痛苦。然而，真正的智慧在於學會放下，因為只有放下不必要的執著，才能讓內心得到解放，活得更坦然、更快樂。

　　世間許多事物來之不易，因此我們總是緊抓不放。對一位身居高位的人來說，要放下權力與過去的成就，回歸簡單的生活，絕非易事。然而，如果一個人無法適時放下，那麼過去所擁有的一切，可能反而成為束縛他的枷鎖。成功的關鍵不只是懂得「拿得起」，更在於能夠「放得下」。

　　有一年，一位國王需要從兩位優秀的大臣中挑選一位宰相。他對兩人做了一個測試，分別派人告知他們：「恭喜你，明天國王將正式宣布你為新任宰相。」

　　聽到這個消息後，其中一位大臣激動得一夜未眠，而另一位則在短暫的思考後安然入睡，直到次日清晨才被叫醒。最後，國王選擇了那位能夠從容入眠的大臣，理由是：「一個人若連這樣的消息都無法放下，顯示他的內心難以平靜，將難以勝任宰相之職。而另一位則能拿得起，也能放得下，這才是宰相應有的氣度。」

021

第一章　成功的價值—幸福才是終極目標

真正的強者不僅能承擔重任，更能在適當時刻放下心中的執念。

古印度哲學家釋迦牟尼曾說：「放下才能獲得自由。」在人生道路上，如果我們過度執著於過去的得失，將無法專注於當下，更無法迎接未來。

有一則關於禪師的故事能夠說明這個道理。有一天，一位老和尚與小和尚準備過河，遇見了一位年輕女子因河水湍急而不敢渡河。老和尚二話不說，直接將女子背起來，安全地送到對岸，隨後便繼續趕路。

小和尚感到困惑，走了很長一段路後，終於忍不住問：「師父，您不是教我們要遠離女色嗎？為什麼還會背那名女子過河呢？」

老和尚淡然地回答：「我早在過河時就已經放下她了，而你卻還背著她走了這麼久。」

這則故事告訴我們，許多人習慣將過去的事情反覆思索，讓心靈無法得到真正的平靜。當我們學會放下，才能專注於當下，擁有真正的自由。

有時候，放下並不代表放棄，而是為了換取更珍貴的東西。

曾經有兩位年輕人外出打工，一年後卻沒有積蓄，無奈之下決定回家。途中，他們發現了一些棉花，於是高興地將

> 放下，才能活得自在

棉花背上，繼續前行。不久後，他們又發現了一袋絲綢，其中一人果斷地放下棉花，改背更有價值的絲綢，而另一人則捨不得自己已經背了許久的棉花，選擇繼續背負它前行。

幾天後，他們又在礦井裡發現了一堆黃金，那位背絲綢的年輕人毫不猶豫地將絲綢換成黃金，而背棉花的人仍然不願意放下自己的選擇。最終，帶著黃金的年輕人回家後成為富翁，而堅持背棉花的人則錯過了更珍貴的機會。

如果無法放下過去的選擇，我們可能會錯失更寶貴的機會。當我們願意適時放下，才能迎來更美好的未來。

有位作家曾說：「人生就像一棟華美的大廈，只有外在的硬體，卻缺乏完善的內在設施。你或許知道問題所在，卻不願意拆掉它，因為這棟房子承載了你一生的努力。」許多人正是因為「捨不得」，才讓自己陷入痛苦之中。

許多企業家在成功之後，仍然無法放下對權力與財富的執著，導致內心空虛，甚至無法真正享受生活。心理學教授丹尼爾‧康納曼指出：「當人們越是執著於外在成就，就越容易忽略真正的幸福來源。」這意味著，學會取捨，才能讓生命更加豐盈。

人生的智慧在於學會放下不必要的負擔，無論是過去的榮耀、遺憾，還是執念。當我們能夠拿得起，放得下，就能活得更加自在，擁抱真正的幸福。

第一章　成功的價值－幸福才是終極目標

　　與其執著於過去，不如專注於當下；與其困於舊事，不如迎接未來。當我們懂得取捨，幸福自然會向我們走來。

第二章
在挫折中前行 ——
困境是成長的動機

當命運給予我們檸檬時,讓我們設法把它變成檸檬水。

—— 戴爾・卡內基

第二章 在挫折中前行—困境是成長的動機

接受無法改變的事實

成功人士往往憑藉堅定不移的精神，在逆境中奮鬥，從困境中蛻變。這並不代表他們未曾遭遇挫折，而是他們懂得如何從困難中汲取力量，接受無法改變的現實，並在可行的範圍內全力以赴。

面對不可避免的困境，有些人選擇沉溺於哀嘆，埋怨命運的不公，結果徒增煩惱；而另一些人則學會坦然接受，並以正面的態度迎接挑戰，最終活得更豁達自在。心理學家威廉·詹姆士（William James）曾說：「接受事實，是克服任何不幸的第一步。」這句話提醒我們，順應現實並非消極妥協，而是一種積極面對人生的智慧。

每個人在人生旅程中都會遇到無法改變的現實，如果總是耿耿於懷，反而會失去享受當下的機會，甚至錯過真正的快樂與成功。因此，當我們已經盡了最大的努力，就應該適時接受結果，並從中學習與成長。

美國勵志作家拿破崙·希爾（Napoleon Hill）童年時曾發生一場意外。某天，他與朋友在密蘇里州一間荒廢的木屋閣樓上玩耍，當他從窗臺跳下時，手上的戒指不慎勾住了一根突出的釘子，導致他的手指被硬生生扯斷。當時，他恐懼萬分，以為自己將永遠無法正常生活。然而，在傷口癒合後，

> 接受無法改變的事實

他選擇不再為此自怨自艾,而是專注於自己的夢想與目標。後來,他幾乎忘了自己左手少了一根手指,因為他深知,沉浸於悲傷無濟於事,唯有接受現實,才能將精力放在更重要的事情上。

類似的故事也發生在布斯・塔金頓(Booth Tarkington)身上。這位美國小說家在60多歲時視力嚴重衰退,最終完全失明。面對這場突如其來的變故,他不僅沒有沉溺於絕望,反而以幽默的方式自嘲:「嘿,又是老黑斑爺爺來了,不知道今天這麼好的天氣,它要到哪裡去?」即便完全失明,他依然選擇繼續創作,並在一年內接受了12次眼科手術。他知道自己無法改變現狀,於是學會適應,在黑暗中找到屬於自己的光明。

這些故事告訴我們,人生的變數難以預測,無法改變的事實已然發生,那麼最好的選擇便是接受並調整自己,尋找新的可能性。

人生的挑戰並非總是帶來痛苦,它們也可能成為促使我們成長的機會。正如約翰・米爾頓(John Milton)所說:「失明並不可悲,無法接受失明才是真正的悲哀。」當塔金頓選擇接受自己的命運時,他得到了內心的平靜,並在創作領域持續發光發熱。

荷蘭阿姆斯特丹一座15世紀的老教堂廢墟上,刻有一

句深具哲理的話:「事情既然如此,就不會另有他樣。」這句話提醒我們,當某些事情無法改變時,與其抗拒,不如適應它,並從中找到新的可能性。

人生旅程中,我們無可避免地會遇到挑戰與不幸。然而,真正決定我們未來的,並非遭遇了什麼,而是我們如何選擇面對它。如果能夠在挫折中尋找成長的契機,接受無法改變的事實,並專注於可以努力的部分,那麼我們將擁有更豁達自在的人生。

當你願意接受現實,並勇敢迎接人生的挑戰,真正的快樂與成功便會向你靠近。

苦難是你的養分

　　人生是一場充滿變數的旅程，無論我們願不願意，困難總會不期而至。然而，若我們能夠用坦然的態度去迎接這些挑戰，將困境視為成長的契機，最終收穫的將不只是成功，更是一顆堅韌且成熟的心。

　　曾有一位年輕的農夫，種植了整片小麥田。某年，他請求神明讓他的農田不遭受任何天災——沒有狂風暴雨，沒有烈日乾旱，也沒有害蟲侵襲，這樣作物就能順利生長。神明應允了他的請求。

　　一年過去，這片農田確實未曾遭受任何外力影響，麥穗看起來長得異常茂盛。然而，到了收割的時節，農夫卻驚訝地發現，這些麥穗都是空的，沒有結出飽滿的種子。他困惑地問神明：「為什麼會這樣？明明沒有受到任何災害，怎麼會沒有豐收呢？」

　　神明回答：「正因為你的麥田未曾經歷風吹雨打，沒有經過烈日與蟲害的試煉，它們雖然看起來生長良好，卻缺乏真正的生命力。」

　　真正堅韌的生命，往往來自於磨難與挑戰。沒有經過考驗的成長，容易顯得空洞而脆弱，無法承受未來更大的風浪。

第二章　在挫折中前行—困境是成長的動機

有人曾說：「人的臉型像是一個『苦』字，注定要經歷各種磨難。」雖然這句話帶有悲觀色彩，但仔細思考，人從出生時的啼哭到離世時的悼念，中間的歲月確實充滿著各種挑戰與考驗。

如果人生沒有苦難，那才是最大的災難。缺乏挫折與挑戰的環境，無法篩選出真正堅強的人，也難以促進社會的進步與發展。許多人回顧人生時，會發現那些最痛苦的時刻，往往也是他們成長最多的時刻。

威廉・詹姆士曾指出：「人的成就，並不取決於他避開了多少困難，而是他如何應對這些困難。」世界上沒有絕對的好與壞，關鍵在於我們如何看待眼前的境遇。如果我們總是將注意力放在黑暗處，抱怨命運不公，那麼世界在我們眼中就只會是一片灰暗；相反，如果我們學會欣賞陽光，就能發現人生仍充滿光明與希望。

無法改變環境時，我們仍然可以選擇改變自己的態度。我們無法掌控天氣是否晴朗，但我們可以選擇如何面對風雨。無論是微笑迎接挑戰，還是沉溺於自怨自艾，最終決定我們命運的，正是我們的心態。

人生就像一桌大餐，擁有酸甜苦辣各種滋味，選擇什麼口味完全取決於自己。選擇樂觀，人生便充滿陽光；選擇悲觀，生活將只剩陰霾。心態影響我們的決策，也決定了我們

> 苦難是你的養分

能夠走多遠、成就多少。

小華是一位資深品牌顧問，但在他年輕時，曾是一名英語老師。在 1980 年代，這樣的工作既體面又穩定。然而，他卻在眾人驚訝的目光中，毅然決定自費留學，尋找人生的新方向。

在那個年代，放棄穩定的工作去留學是極為罕見的選擇，親友們紛紛勸阻，但小華堅持：「我很欣賞《鋼鐵是怎樣煉成的》中的一句話：『人的生命只有一次，當回顧往事時，不因虛度年華而悔恨，也不因碌碌無為而羞恥。』」

留學生活並不輕鬆，沒有家人照顧，也沒有穩定收入，一切都需要靠自己。他回憶道：「那時候真的很窮，坐了七天七夜的火車，吃著泡麵，整個人都變得浮腫。但經歷真的是最好的財富，我現在深刻體會到這筆無形的資產。」

現在，小華事業有成，每當面對困難時，他總會想起當年留學時的艱苦歲月。與當時相比，今天的挑戰根本算不了什麼。這些經歷，讓他變得更強大，也讓他更加珍惜每一次學習與成長的機會。

人生的經歷，無論好壞，都是我們最大的財富。每一次挫折，都是一堂寶貴的課，讓我們變得更成熟、更堅強，也讓我們擁有更寬廣的視野。

有些人因為失敗而畏懼，但成功往往是從失敗中孕育而

第二章　在挫折中前行─困境是成長的動機

來。經歷過痛苦，我們才能更加珍惜快樂；經歷過失去，我們才更懂得珍惜當下；經歷過低潮，我們才學會如何堅持不懈。

古今中外，許多偉大的人物都曾經歷過嚴峻的考驗。司馬遷因「宮刑之辱」而寫出史記，成為千古流芳的史學巨著；丹麥作家漢斯・安徒生（Hans Christian Andersen）曾流浪街頭，卻憑藉堅持不懈的努力成為世界童話大師；英國科學家麥可・法拉第（Michael Faraday）出生於貧困家庭，當過學徒、賣過報，卻最終發現電磁感應定律，改變了人類歷史。

音樂大師路德維希・范・貝多芬（Ludwig van Beethoven）一生飽受病痛折磨，甚至在創作巔峰時期失去了聽覺。但他沒有向命運低頭，反而創作出不朽的《第九號交響曲》（*Symphony No. 9*），用音樂向世界宣告：「我要扼住命運的咽喉。」

每一次挑戰都是一次成長的機會，每一次困難都是鍛造堅韌的試煉。當我們願意接受這些經歷，不再視苦難為絆腳石，而是當作墊腳石，那麼我們將發現，人生因此變得更加充實而精彩。

正如一位哲人所說：「我的一生是富有的，因為我曾經歷過。」願我們都能懷抱這份勇氣，迎接人生的風雨，將每一段經歷，轉化為生命最寶貴的財富。

失敗不可怕，可怕的是放棄

　　失敗從來不是一件可怕的事情，真正可怕的是我們面對失敗時選擇了放棄。當我們將失敗視為終點，沉溺於負面情緒與自怨自艾之中，我們的人生便止步於此。但若我們能將失敗當作學習的機會，從中吸取經驗並勇敢向前邁進，成功便不再遙不可及。

　　在漫長的人生旅途中，每個人都會經歷挫折，但對待挫折的態度決定了最終的結果。當困難來臨時，選擇逃避的人，只會讓人生停滯不前，而那些勇於迎接挑戰、堅持不懈的人，則能夠一步步邁向成功。

　　許多人熟知的哈蘭·桑德斯上校（Colonel Sanders）創立了肯德基（KFC），但很少人知道，他是在 65 歲時才開始這項事業。在此之前，他歷經無數次的失敗與挫折，但從未選擇放棄。

　　當他拿到人生第一張社會福利支票，金額僅 105 美元時，他沒有抱怨社會的不公，也沒有沉浸在負面情緒中，而是開始思考自己能為這個世界做些什麼。他想到：「我擁有獨特的炸雞祕方，不知道餐廳會不會願意採用？」但當他開始推銷自己的配方時，卻遭遇了一連串的拒絕。

第二章　在挫折中前行—困境是成長的動機

他駕駛著一輛老舊的車子，奔走於美國各地，向餐廳老闆推銷他的炸雞配方。然而，整整 1,009 次的拒絕，讓他的計畫遲遲無法實現。但他從未灰心，而是持續改進自己的說辭，並在第 1,010 次嘗試時，終於獲得了一家餐廳的合作機會。從那一刻開始，他的事業逐漸成長，最終建立起全球知名的炸雞連鎖品牌。

他的成功來自於不怕失敗的精神。試想，若他在第 500 次、第 800 次，甚至第 1,000 次遭拒後便選擇放棄，如今的肯德基或許就不會存在了。

在現實生活中，有許多人因為幾次挫折便輕易放棄，但也有些人選擇堅持，最終成功改變了自己的命運。

安東尼 14 歲時移居美國，從小跟隨師傅學習裁縫。當他 18 歲時，他決定創辦自己的禮服店，並將所有積蓄投入其中。然而，接下來的一連串打擊，讓他一度萌生放棄的念頭。

開業前一天，店內價值 8 萬美元的存貨被竊；重新進貨後，卻又因一場意外火災損失殆盡。最糟糕的是，他才發現保險經紀人欺騙了他，他支付的保險費從未真正生效，這意味著他的所有損失無法獲得任何賠償。此外，唯一能證明店內貨品價值的重要證人，也在此時過世，使得他連求助法律的機會都失去了。

連續的打擊讓安東尼幾乎崩潰，他選擇回到裁縫店當員工，暫時放棄創業夢想。然而，沒過多久，他內心的創業熱情再次燃起。他決定再試一次，這次他學會更謹慎規劃財務，並重新建立供應鏈。經過數年的努力，他的禮服租賃店終於成為當地知名品牌。

　　安東尼的故事告訴我們，挫折只是人生的一部分，關鍵在於我們是否願意站起來，並從失敗中學習，朝著目標繼續努力。

　　在面對挑戰時，我們往往會抱怨命運不公，認為自己遭遇的不幸比別人更多。但事實上，命運並沒有偏袒任何人，真正決定成敗的，是我們對困難的態度。

　　比爾蓋茲曾說：「成功是一位糟糕的老師，它讓聰明人誤以為自己不會失敗。」許多成功人士都曾經歷過無數次的失敗，但正是這些經歷，讓他們變得更加堅韌，也讓他們在一次次的嘗試中找到成功的機會。

　　在 20 世紀末，曾憲梓憑藉「金利來」領帶品牌崛起，成為全球知名企業家。然而，在創業初期，他的日子並不好過。

　　某個炎熱的午後，他帶著兩大盒領帶，滿頭大汗地走在香港尖沙咀的服飾店區，試圖推銷他的產品。他已經走遍了十幾家店，卻都遭到拒絕。當他再次走進一家洋服店時，老

> 第二章　在挫折中前行—困境是成長的動機

闆正忙著接待顧客，見他上門推銷，立刻將他趕了出去，甚至還冷嘲熱諷。

面對這樣的羞辱，他並沒有灰心，而是選擇擦乾眼淚，繼續前進。他日復一日地拜訪不同的店家，不斷改進自己的推銷方式，最終，他的領帶品牌獲得了市場的肯定，成為許多商務人士的首選。如今，「金利來」已是國際知名品牌，遍布全球市場。

哈佛心理學教授指出：「成功與失敗的最大區別，不是天賦，而是面對挫折的態度。」許多時候，真正阻礙我們前進的，不是外在的環境，而是我們內心的恐懼與退縮。

當你跌倒時，請記住：這並不是終點，而是一個新的開始。真正的失敗，不是摔倒，而是從此不再站起來。

湯瑪斯‧愛迪生（Thomas Edison）曾說：「偉大的人物最顯著的特徵，就是即使面對最惡劣的環境，他的希望仍然不曾動搖，並最終克服困難，達成目標。」

所以，不論你現在身處何種困境，都請告訴自己：失敗並不可怕，重要的是我們是否願意再試一次，勇敢向前。因為，真正的幸福與成功，永遠只屬於那些不輕言放棄的人。

忍耐讓你從磨練中獲得成長

在生活與職場中,我們時常會遇到讓人不快的事情,但倘若我們動輒發火,既會影響人際關係,也會損害自身的形象,甚至可能錯失更大的機會。真正聰明的人,懂得在困境中學會忍耐,沉著應對,而非讓情緒主導行為。

許多人以為,忍耐是一種屈辱與妥協,但事實上,忍耐是一種戰略性選擇,是對自我情緒的高度掌控。在人生的長遠道路上,懂得忍耐的人,往往更能成就大事,因為他們能夠在關鍵時刻保持冷靜,不因一時的衝動而斷送未來的機會。

彼得是一名海上鑽井作業員,剛進公司的第一天,他便被要求在限定時間內爬上幾十公尺高的鑽井架,將一個包裝好的盒子交給主管。當他氣喘吁吁地將盒子送到頂層,主管僅在上面簽了名字,便讓他再送回給領班。當彼得將盒子送回後,領班又簽了字,讓他再度送上去。

他疑惑地看著領班,但仍舊遵從指示。當他第二次登上鑽井架時,汗水已經浸透了衣服,雙腿顫抖不已,內心充滿憤怒與不解。而這一次,主管對他說:「打開盒子吧。」

彼得撕開包裝,發現裡面只是兩罐咖啡與奶精。主管接著說:「泡杯咖啡吧。」這時,彼得終於無法忍受,憤怒地將

第二章　在挫折中前行—困境是成長的動機

盒子丟在地上,說:「我不幹了!」

主管冷靜地看著他,說道:「你可以離開了。不過,看在你爬了三次的份上,我告訴你,這是一場『承受極限訓練』。我們在海上作業,隨時會面臨危險,因此隊員必須具備極強的心理承受力。很遺憾,你在最後一步放棄了,這代表你還無法勝任這份工作。」

彼得聽完,頓時愣住了。他才意識到,自己只差一步就能完成考驗,卻因無法忍受短暫的折磨而放棄了一次極具潛力的職涯機會。這次經驗讓他深刻體會到,忍耐不僅僅是一種被動的承受,而是一種考驗內心強度的訓練。

莉亞是一名資深財務主管,擁有多年工作經驗,始終夢想著能晉升為公司副總。當行銷副總離職時,莉亞本以為自己是最有資格升任的人選,然而,總經理最終選擇了資歷較淺的銷售主管。

這個決定讓莉亞極為不滿,她一度考慮離職。但在一位前輩的勸說下,她決定先觀察一段時間,不輕易做出衝動決定。她壓下心中的不滿,仍然全力以赴完成工作,展現專業與責任感。

幾個月後,公司高層注意到莉亞的穩重與敬業態度,便指派她前往業績最佳的分公司擔任副總兼經理。這個機會不僅讓她獲得更高的職位,也為她未來的發展鋪平了道路。

忍耐讓你從磨練中獲得成長

　　如果當初莉亞因情緒衝動而選擇離開，她可能永遠無法獲得晉升的機會。這個案例說明了忍耐的重要性，許多時候，機會是留給那些能夠控制情緒、穩住陣腳的人。

　　忍耐並非懦弱，而是一種高智慧的處世之道。歷史上許多偉人，正是因為懂得忍耐，才最終成就非凡的事業。

　　越王勾踐因為能夠「臥薪嘗膽」，最終復國；藺相如在面對廉頗的挑釁時選擇忍讓，促成「將相和」的佳話；韓信因忍受「胯下之辱」，才有機會日後成就霸業。

　　此外，清朝名臣林則徐，在官署大堂上懸掛「制怒」二字，提醒自己隨時保持冷靜。可見，從古至今，忍耐一直是成就大事的必要條件。

　　職場中，人際關係錯綜複雜，若我們凡事都無法容忍，一旦遇到不順心的事情便暴跳如雷，不僅會影響個人發展，也會讓人際關係變得緊張。

　　真正成功的人，懂得適時調整心態，以冷靜與理性面對挑戰。他們不會因為一時的挫折而失去前進的動力，而是以長遠的眼光來規劃未來。

　　忍耐並不是無條件的隱忍，而是一種策略性選擇。當我們學會控制情緒、保持沉著，便能在關鍵時刻做出最有利的決策，讓自己立於不敗之地。

第二章　在挫折中前行—困境是成長的動機

「小不忍則亂大謀。」這句古訓道出了忍耐的重要性。在人生與職場的道路上，並非所有事情都能一帆風順，我們必須學會克制情緒，耐心等待機會的到來。

當你遭遇不公平對待時，請不要衝動行事，而是試著用更長遠的眼光來看待問題。因為，有時候，成功往往只差那麼一點點，而這個距離，就是你能否堅持到底的關鍵。

記住，忍耐不是懦弱，而是一種強者的智慧。當你學會忍耐，並在困境中鍛鍊自己，你會發現，人生的每一次考驗，都是為了讓你成就更好的自己。

你有重新開始的機會

在人生旅程中，我們難免會遭遇挫折與困境。然而，不論我們經歷多少失敗，只要生命仍然存在，我們就擁有從頭再來的機會。真正決定我們未來的，不是過去犯的錯，而是我們是否願意重新開始。

許多人在跌倒後選擇自暴自棄，怨天尤人，甚至放棄希望，這是極為愚蠢的行為。因為過去的失敗無法改變，但未來卻掌握在我們自己手中。我們應該記住，人生不會因一次失敗而終結，除非我們選擇放棄。

喬納森曾是家族企業的接班人，從小過著優渥的生活。然而，在父親去世後，他接手公司，卻因管理不當導致企業迅速衰敗。更糟糕的是，在一次與競爭對手的合作談判中，他因決策錯誤，使公司陷入財務危機，最終破產。

一夕之間，他失去了所有的財富與地位，成為負債累累的人。他一度陷入自責與悔恨，回想自己曾經揮霍無度，從未真正為公司的未來努力。他懊悔不已，心想：「如果人生可以重來一次，我一定不會重蹈覆轍。」

在最絕望的時候，喬納森決定改變自己的態度。他開始學習財務管理，並向成功的企業家請教經營之道。同時，他利用過去累積的人脈，重新投入市場，建立一個小型顧問公

第二章　在挫折中前行—困境是成長的動機

司，專門幫助新創企業避免他曾犯過的錯。

五年後，喬納森的顧問公司已成為業界知名品牌，幫助無數企業度過創業初期的困境。他的故事證明了，只要我們願意從失敗中學習，人生永遠有重新開始的機會。

查理斯原本是長老會的宣傳負責人，活躍於宗教界，每天在千人面前演講，甚至主持廣播節目。然而，隨著時間推移，他開始對信仰產生質疑，最終選擇離開教會。

這個決定使他的生活瞬間跌入谷底，不僅母親罹患癌症，朋友們也因他的背棄而疏遠他。他曾經擁有的一切瞬間消失，讓他感到徹底迷失。

然而，查理斯並未選擇放棄，而是勇敢地迎向新的人生。他開始學習編劇，並在短短幾個月內完成了三部劇本，成功賣給加拿大廣播公司（CBC）。不久後，他受邀主持社會議題節目，成為知名媒體人，開啟了全新的職業生涯。

查理斯的經歷證明，不論我們在人生的哪個階段遇到挫折，只要願意嘗試新方向，總能找到適合自己的道路。

許多人之所以不願重新開始，並非因為缺乏機會，而是因為害怕失敗。他們害怕過去的努力付諸東流，害怕再次面對困境，於是選擇停滯不前。然而，真正的失敗並不是跌倒，而是不敢再站起來。

面對人生的低潮時，我們應該問自己：「是繼續待在困境

中，還是勇敢踏出新的一步？」當我們選擇後者，就已經邁出了通往成功的第一步。

歷史上許多偉人都曾面臨人生低谷，但他們沒有被挫折擊倒，而是勇敢地重新開始，最終取得輝煌的成就。例如：

史蒂夫·賈伯斯曾被迫離開自己創立的蘋果公司，但他並未放棄，而是創辦NeXT與皮克斯動畫（Pixar），最終重返蘋果，帶領公司成為全球科技巨擘。

J·K·羅琳（J.K. Rowling）在寫作《哈利波特》（*Harry Potter*）前，曾是一位單親母親，生活困苦。但她未曾放棄夢想，最終成為全球最暢銷的小說家之一。

亨利·福特（Henry Ford）的第一家公司破產，但他不斷改進汽車製造技術，最終創辦福特汽車，改變全球交通產業。

這些成功人士的故事告訴我們，人生的低谷並不是終點，而是另一個起點。

「不要因為害怕失敗，而讓自己停滯不前。」這句話適用於所有正在經歷困境的人。人生沒有永遠的失敗，只有暫時的挫折。只要我們願意接受挑戰，願意放下過去的包袱，勇敢地邁出新的一步，就有機會開創更好的未來。

記住，無論何時何地，我們都可以選擇從頭再來。因為生命的每一天，都是一個嶄新的開始。

第二章　在挫折中前行—困境是成長的動機

微笑迎向挑戰

人生的道路上充滿挑戰與困難，沒有人能永遠順遂無憂。然而，當我們微笑面對，苦難就不再只是痛苦，而是成長的契機。無論生活多麼艱辛，微笑著走下去，終將迎來屬於自己的陽光。

真正強大的人，不是那些從不遇到挫折的人，而是即使面對困境，仍然選擇帶著微笑前行的人。

凱倫‧白列森（Karen Blixen）是一位舉世聞名的丹麥作家，她的作品至今仍在國際文壇占有重要地位。然而，她的人生卻充滿波折與磨難。

年輕時，卡倫在非洲經營咖啡農場，卻因為經濟困難與連年歉收，最終不得不放棄這片土地。她的婚姻也以失敗告終，而她最愛的人更在一場飛機事故中不幸身亡。回到丹麥後，她發現自己已身無分文，甚至還飽受疾病折磨。

面對接踵而來的打擊，卡倫並未選擇沉溺於悲傷，而是毅然拿起筆，將她在非洲的經歷寫成作品。她的第一本書《七個哥德式的故事》(Seven Gothic Tales)在丹麥無人問津，甚至遭到批評。但她沒有放棄，將作品帶到美國，終於得到出版商賞識，一舉成名。後來，她的代表作《遠離非洲》(Out of Africa)更成為世界文學經典,被改編為電影,影響無數讀者。

卡倫的人生告訴我們,微笑面對困境,並不意味著逃避,而是以堅強與樂觀迎接挑戰。當我們選擇微笑,人生的希望便悄然綻放。

當我們順心時,微笑是一種喜悅的表達;當我們遭遇困境時,微笑則是一種力量的展現。微笑並不能解決所有問題,但它能夠改變我們面對問題的態度。

心理學研究顯示,當一個人微笑時,大腦會釋放內啡肽,減輕壓力,提升情緒,讓人更有勇氣面對挑戰。哈佛大學的一項研究更發現,開懷大笑能增加人體免疫系統的抗體,使人更健康、更長壽。

因此,不論面對什麼樣的挑戰,我們都應該學會用微笑來調整自己的心態。

有人誤以為微笑是對現實的妥協,甚至是一種懦弱的表現。然而,真正的微笑並非掩飾問題,而是以更加從容的態度去面對它。

假如我們在困境中選擇憤怒、抱怨或逃避,問題依舊存在,甚至可能變得更糟。但若我們選擇微笑,則能讓自己更有智慧與勇氣去解決難題,最終走向成功。

許多偉大的成功者,都是微笑著走過人生的風暴。

第二章　在挫折中前行—困境是成長的動機

尼克‧胡哲（Nick Vujicic）天生沒有四肢，但他並未因此消沉，反而以樂觀與堅毅的態度，成為全球知名的勵志演說家。他常說：「微笑不代表沒有困難，而是選擇勇敢面對困難。」

微笑不僅能讓人走出低谷，更能帶來新的機會與希望。

不管我們的人生遇到多少困難，請記住：微笑是一種選擇，也是一種力量。它不能立即解決問題，但能幫助我們用最好的狀態去面對問題，並找到解決之道。

當陽光普照時，微笑吧！當暴風雨來襲時，更要微笑。因為，只要你願意帶著微笑向前走，沒有什麼能夠阻擋你前進的腳步。

第三章
少一點名利，多一點幸福

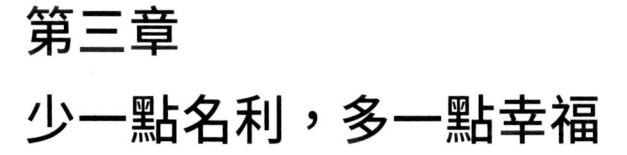

> 財富的價值不在於擁有多少，而在於如何運用。
>
> —— 羅伯特・清崎（Robert Kiyosaki）

第三章　少一點名利，多一點幸福

幸福與金錢相比較

許多人認為，擁有大量的金錢就能帶來幸福。然而，金錢只是實現幸福的一種手段，並不能與幸福畫上等號。幸福的關鍵，在於我們對待金錢的態度與使用方式，而不是單純的財富累積。

當我們過度執著於金錢，將它視為人生唯一的目標，便容易迷失方向，甚至忽略真正重要的事物，如健康、家庭、友情與心靈的滿足。

有這樣一則故事：

一位企業家在公園散步時，看到一名街頭藝人正在悠閒地吹著口琴，陽光灑在他的臉上，神情自在。企業家好奇地問：「你為什麼不去找份穩定的工作呢？」

街頭藝人笑了笑，回應：「工作能帶來什麼呢？」

「你可以賺錢，改善生活，買房、買車，最後過上安穩的日子。」

「然後呢？」

「你就可以悠閒地享受生活，比如坐在公園裡曬太陽，吹吹口琴。」

街頭藝人聳聳肩：「但我現在已經在做這些事了。」

幸福與金錢相比較

　　這個故事說明，不同的人有不同的幸福標準。對企業家而言，成功的象徵是財富的積累，而對街頭藝人而言，簡單的快樂才是最珍貴的資產。幸福的關鍵，不在於擁有多少財富，而在於我們如何定義幸福。

　　一項來自哈佛大學的研究指出，收入確實能提高個人的生活滿意度，但當基本需求滿足後，收入的增加並不會帶來更高的幸福感。事實上，當人過度追求財富時，反而容易忽視家庭、健康與個人成長，最終導致不快樂。

　　一位企業家曾是金融圈的風雲人物，擁有數億英鎊的資產，卻因為長期過度工作，導致婚姻破裂、健康惡化。他後來反思：「金錢可以帶來舒適的生活，但如果你把所有精力都放在追逐金錢上，最後可能會發現，最珍貴的東西早已失去。」

　　金錢雖然重要，但過度依賴財富來尋找幸福，往往適得其反。

　　美國企業家伯納·馬多夫（Bernard Madoff）曾是華爾街的金融巨擘，他創立的投資公司讓無數人相信，他能帶來穩定而豐厚的回報。然而，他實際上經營的是一場龐氏騙局，最終在 2008 年金融危機時崩盤，數千名投資人損失慘重。

　　麥道夫因詐欺被判刑 150 年，而他的家庭也因此破裂。他的兒子因承受不住外界壓力，選擇自我了結。這個案例突顯了過度貪婪的危害：當一個人為了金錢而不擇手段，最

第三章　少一點名利，多一點幸福

終可能失去比財富更珍貴的東西——誠信、家庭與人生的自由。

許多人認為，富有就是擁有大量金錢。但真正的富有，不僅僅是物質的累積，更是心靈的充實與生活的滿足。

健康是財富——沒有健康，所有的財富都變得毫無意義。

家庭是財富——陪伴與親情，遠比金錢更能帶來持久的幸福。

知識是財富——持續學習與成長，能讓人生更加豐富多彩。

善行是財富——助人為樂，能讓人感受到真正的快樂與滿足。

幸福感來自於內心的滿足，而非外在的物質累積。當我們能夠珍惜當下、放下貪念，就能發現，真正的幸福一直都在身邊。

我們都需要金錢來維持生活，但金錢應該是工具，而非人生的目的。過度追求財富，可能讓人迷失自我；適當知足，反而能讓人獲得更深層次的幸福。

正如哲學家愛比克泰德（Epictetus）所說：「富足不是擁有更多，而是需要更少。」當我們懂得放下不必要的欲望，才能真正享受人生的美好。

減少欲望，增加幸福

幸福與欲望往往呈反比。要讓幸福增多，最直接的方法就是降低內心的欲望。

貪婪如同一杯帶毒的美酒，看似甘甜，卻最終導致毀滅。在現代社會，學會控制欲望才能真正享受生活。許多人將財富視為快樂的源泉，然而，過度追求財富可能會讓人忽略生活的本質，變得患得患失。當人們無止境地追求更多時，往往會失去當下的平靜與滿足。只有放下不必要的貪念，才能讓內心安定，身心自在。

知名心理學家丹尼爾‧康納曼（Daniel Kahneman）研究發現，當收入達到一定程度後，額外的財富並不會顯著提升幸福感。相反，學會知足、珍惜當下，才能讓人活得更快樂。

例如，瑞士心理學家卡爾‧榮格（Carl Jung）曾經有一位病人，一名事業有成的企業家，他擁有龐大的財富，卻經常感到焦慮和不滿足。榮格與他談話後發現，這名企業家的問題不在於財富，而是他的心態。他總是擔心自己是否賺得不夠，害怕競爭對手超越自己。榮格告訴他：「幸福並不來自擁有的多寡，而是來自內心的平靜與滿足。」這名企業家開始改變自己的生活方式，將更多時間投入到家人與興趣中，才逐漸感受到真正的快樂。

第三章　少一點名利，多一點幸福

一項哈佛大學的研究指出，金錢確實可以改善生活條件，但過多的財富並不會帶來成比例的快樂。例如，美國矽谷的許多科技新貴，在獲得數十億美元的財富後，仍然感到空虛。他們擁有豪宅、跑車、私人飛機，但內心卻時常充滿焦慮，擔心自己是否能夠維持這一切。相比之下，那些專注於生活品質、家庭關係和個人成長的人，即使擁有較少的財富，也能夠感受到真正的幸福。

美國登山隊曾舉辦一次雪山探險選拔，最終入圍的 15 名隊員都具備優秀的體能和技術。隊長傑克森告訴他們，最後一項測試是心靈考驗。

傑克森問其中一名隊員：「如果前方有座高峰，而你的同伴比你更快登頂，你會怎麼做？」

這名隊員回答：「我會加快速度，試圖超越他，成為第一個登頂的人。」

接下來的 13 人也給出了類似的回答。最後一名隊員則回答：「我只要能夠踏上高峰，欣賞那片美景就夠了，誰先登頂並不重要。」

傑克森微笑著說：「恭喜你，你是唯一被錄取的隊員。真正的探險家不是為了名利而登山，而是為了挑戰自我與感受自然。過度的競爭心態可能會讓人忽略旅程的意義，甚至危及生命。」

減少欲望，增加幸福

在現代社會，我們常常被告知要努力追求更多，但我們是否曾經停下來思考，自己真正需要的是什麼？

那些總是追求名利與財富的人，往往背負著沉重的心理壓力，甚至迷失自我。而懂得知足、減少欲望的人，才能夠真正享受生命的樂趣。與其終日為了賺更多的錢而焦慮，不如學會簡單生活，珍惜眼前的一切。

幸福與欲望呈反比。當我們減少不必要的欲求，才能換來內心的平靜與真正的快樂。生活的意義不在於擁有多少，而在於如何珍惜當下、善用手中的資源，並與身邊的人共度美好時光。

第三章　少一點名利，多一點幸福

平常心，讓人生更從容

無論身處何種境遇，保持一顆平常心，才能在順境時不驕不躁，在逆境時不憂不懼。擁有平常心的人，內心穩定、待人和善，不輕易與人爭執。他們不受世俗羈絆，活得自在豁達。這樣的心境，成為他們面對生活挑戰時最寶貴的資產。

卡爾・榮格曾說：「你的視角決定了你的現實。」當我們以平常心看待世界，就能避免被外在環境左右。許多人因為追求名利而焦慮，但真正能讓人內心平靜的，往往是對當下生活的滿足。

亨利・季辛格（Henry Kissinger），這位美國前國務卿，童年時因戰亂隨家人移民美國，面對陌生的環境，他的父親一度感到挫敗，因為無法在美國發揮原本的專業。然而，他的母親寶拉卻一直抱持正面的態度，她告訴亨利：「我們無法改變環境，但可以選擇如何適應。」這種從容的態度，影響了他的一生，讓他在日後面對外交困局時，仍能冷靜應對，最終成為國際間舉足輕重的人物。

美國前總統赫伯特・胡佛（Herbert Hoover）曾說：「當我選擇從政時，我已預見未來會受到無數的批評，因此當指責來臨時，我不會感到驚訝，而是以平靜的態度面對。」這樣

的心理準備,使他在政壇中能夠應對風浪,專注於真正重要的事。

成功人士往往不是因為少遇到困難,而是因為懂得如何以平常心應對。得意時不過度自滿,失敗時也不過度沮喪,他們的內心如同湖水,遇風不起波瀾,遇雨仍能清澈。

曾有一位農夫,他家境清貧,住在簡樸的屋舍裡,日常飲食也相當簡單,但他每天都愉快地歌唱,享受勞動的樂趣。有人問他:「你過得並不富裕,為什麼總是這麼快樂?」他笑著回答:「因為我已經擁有足夠的幸福。我有水可喝,有飯可吃,夏天屋裡涼爽,冬天炕上溫暖,我還需要更多嗎?」這種簡單的滿足,讓他過著無憂無慮的生活。

相較之下,許多人即使擁有遠超過這位農夫的財富,卻仍然感到不滿,總是渴望更多,而忽略了自己已經擁有的美好事物。這樣的心態,只會讓人陷入無止境的焦慮與煩惱。

擁有平常心,不代表沒有目標,而是懂得如何在追求目標的過程中保持從容,既不被外界干擾,也不因一時得失而迷失方向。當我們學會放下執著,便能真正體會到生活的自在與美好。

第三章　少一點名利，多一點幸福

淡泊以明志

若一個人執著於名利，便容易落入無止境的追逐與羈絆之中。名利如同枷鎖，束縛了人心，也讓真正的理想與快樂變得遙不可及。唯有學會視名利如雲煙，不為其所累，人生才能活得輕盈而自在。

古語云：「淡泊以明志，寧靜以致遠。」意思是說，一個人唯有遠離名利的誘惑，才能堅守初心，不被外物所擾，擁有長遠的智慧與視野。在這個充滿競爭與欲望的社會中，許多人汲汲營營，卻忘了問自己：究竟是在為理想而努力，還是為了名聲與財富而焦慮？

2008 年，美國投資銀行雷曼兄弟倒閉，金融市場陷入動盪，許多企業高層因對名利的執著，而忽略風險，最終導致經濟危機擴大。然而，也有一些人選擇不受名利束縛，安於自己的生活步調。

美國著名投資家約翰‧柏格（John Bogle），便是典範。他創立了全球第一檔指數型基金，卻始終保持低調，不為財富所動。他曾說：「不該讓金錢控制你的生活，而是應該讓你的價值觀來引導金錢。」他的公司規模龐大，卻始終將低成本投資回饋給投資人，而非讓管理層追逐暴利。

> 淡泊以明志

韓國企業家金範洙，曾是科技業的佼佼者，創辦了知名的 Kakao 公司。然而，當事業登上巔峰後，他卻選擇辭去執行長職位，將心力投入慈善事業。他明白，真正的成功並不在於擁有多少財富，而是能否讓這些資源帶來更大的社會影響。他的選擇，正是看淡名利後所獲得的真正自由。

在歷史上，不乏因名利而受困的例子。美國知名企業家伊麗莎白‧霍姆斯（Elizabeth Holmes）曾被譽為「女性版賈伯斯」，她的公司 Theranos 承諾顛覆醫療科技，吸引了無數投資。然而，她的企業建立在誇大的技術之上，隨著真相揭露，最終從高峰跌落谷底。她的故事正是提醒我們，過度執著於名聲與成就，反而容易迷失自我，甚至踏上不歸路。

許多人窮盡一生追逐名利，卻發現這條路永無止境，越得到了，就越害怕失去。然而，那些真正活得自在的人，往往是不計較得失，懂得適時放下的人。當我們不再被名利綁住，才會發現生活的美好並不來自頭銜或金錢，而是來自內心的滿足與平靜。

只有當我們能坦然面對成就與失敗，不被外在評價所困，才能真正享受生命的自由與快樂。

第三章　少一點名利，多一點幸福

學會感恩，珍惜當下

我們每個人都應該學會珍惜自己所擁有的，而非一味關注自己缺少的東西。在閒暇時刻，不妨拿起筆和紙，寫下那些讓你感激的人事物，記錄你對自己的愛與對生活的熱忱。當你敞開心扉，讓美好事物填滿你的內心，自然就能驅散負面情緒，獲得內心的平靜與滿足。

現實生活中，許多人之所以感到不快樂，往往是因為他們只專注於自己缺少的東西，而忽略了自己已經擁有的幸福。當我們總是將目光放在別人比我們優越的地方，內心便容易產生不滿與焦慮。然而，如果我們懂得換個角度，從自身出發，就能發現生活中的美好。

從前有一位企業家，他擁有龐大的財富與影響力，卻始終無法感受到真正的快樂。於是，他決定請一位心理學家幫助自己找尋幸福的祕訣。

一天，這位心理學家帶企業家來到一個漁村，看到一位老漁夫正悠閒地坐在小船上，一邊釣魚一邊哼著小調，臉上洋溢著滿足的笑容。企業家好奇地問：「你每天只是捕幾條魚，沒有財富，沒有豪宅，為什麼還能這麼快樂？」

老漁夫微笑著回答：「我有健康的身體，每天可以出海捕魚，回家後還能和家人共享晚餐，夜晚則能安然入眠，這不

就是最大的幸福嗎?」

快樂的關鍵並不在於擁有多少,而在於如何看待自己擁有的一切。與其羨慕別人的成就,不如學會珍惜當下的幸福。

我們無需與全球首富比財富,也不必與政要比權力,人生的價值不該建立在與他人的競爭上,而應該尋找適合自己的目標與方向。如果你是音樂家,就不要和科學家比發明數量,而應該專注於創作美妙的樂曲;若想較量,那就選擇自己擅長的領域,例如在音樂比賽中展現實力。

艾莉出生時因為早產導致神經發育受損,使她的語言和行動能力受到極大限制。童年時,她無法順利說話,走路也顯得笨拙,因此遭受許多異樣的眼光。然而,她沒有因此被打敗,而是努力尋找自己擅長的事物。

小學時,一位老師鼓勵她嘗試繪畫,這讓她發現了自己的天賦,也點燃了對藝術的熱情。即使比一般人需要付出更多的努力,她依然不放棄,最終考入一所藝術大學,並在國際展覽中獲得肯定。

在一次演講中,有學生問她:「艾莉,妳曾因身體的限制遭遇許多困難,難道不曾感到不公平或怨恨嗎?」

面對這個問題,她微笑著說:「當然有過沮喪的時候,但我選擇專注於自己擁有的,而不是自己缺少的。我擁有支持

第三章　少一點名利，多一點幸福

我的家人，擁有創作的熱情，擁有不斷挑戰自己的勇氣，這讓我過得非常快樂！」

艾莉用自身的態度證明，幸福並非來自外在環境，而是取決於我們選擇如何看待自己。

當我們放下對過去的遺憾，專注於當下的美好，就能獲得真正的快樂。多與朋友相聚，享受生活中的點滴，就能減少與他人比較的焦慮，培養內心的平和與滿足。

快樂不在於擁有多少，而在於懂得珍惜。當你開始感謝自己所擁有的一切，幸福便會悄然降臨。

掌控財富，別讓財富掌控你

金錢應該是我們生活的工具，而非生活的全部目的。獲取財富本無可厚非，但我們應該駕馭金錢，而不是被金錢所操控。無論何時，都應該做金錢的主人，而非它的奴隸，更不能因為對財富的過度追求而犧牲健康與家庭幸福。

人類作為萬物的主宰，卻常常淪為金錢的奴隸。有些人終其一生為了賺錢而勞累不堪，卻忽略了真正的快樂與人生價值。正如古人所言：「天下熙熙，皆為利來；天下攘攘，皆為利往。」然而，真正的財富並非僅限於金錢，而是在於我們是否懂得平衡金錢與生活的關係。

艾瑞克是一名財務顧問，早年他曾在企業界打拚，年紀輕輕就賺進了可觀的財富。然而，他漸漸發現自己為了賺錢而犧牲了家庭與健康，生活變得無比空虛。於是，他選擇放慢腳步，開始研究如何讓金錢成為生活的助力，而非負擔。

他建立了一套簡單的理財哲學：「真正的經濟獨立無關於賺多少錢，而在於是否能夠控制開支。」他決定過著簡單的生活，每月固定存下一部分收入，將資金投資於穩健的理財工具，確保未來不必因金錢而感到焦慮。

當朋友問他：「為何你不繼續賺更多錢？」艾瑞克笑著說：「我曾以為財富越多，人生就越快樂，但現在我發現，真正的

第三章　少一點名利，多一點幸福

自由來自於對金錢的掌控，而不是金錢對我的控制。」

金錢的價值並不在於擁有多少，而在於是否懂得善用它，讓自己擁有選擇的自由。

曾有三個年輕人分別遇見了一顆落入湖中的金蘋果，他們對待財富的方式決定了他們的命運。

第一個人見到金蘋果後，眼裡只剩下對財富的渴望，於是不顧一切跳入湖中，最終因為不懂游泳而溺水身亡。

第二個人運氣較好，他成功撈起金蘋果，靠著這筆財富過上了奢華的生活。然而，由於不懂得管理財富，最終揮霍殆盡，落得一無所有。

第三個人則選擇與村民合作，將金蘋果賣出後，用這筆錢興建學校，讓村裡的孩子有機會接受教育。多年後，這個村莊培養出了許多優秀的人才，而這名年輕人也因他的貢獻受到大家的敬仰。

這三個不同的結局告訴我們，金錢本身並無好壞，關鍵在於我們如何運用它。若一味追求財富，卻不懂得如何駕馭它，最終可能會失去比財富更珍貴的東西。

史蒂芬曾是科技業的菁英，因投資成功而成為億萬富翁。然而，財富並未帶給他想像中的幸福，反而讓他陷入無止境的壓力之中。他開始懷疑身邊的人是否真心待他，甚至與家人關係疏遠，最終在財富的光環下感到孤獨無助。

> 掌控財富,別讓財富掌控你

這樣的故事並不少見,許多因一夕暴富而改變人生的人,最後卻發現自己比從前更痛苦。心理學家指出,當一個人過度依賴金錢來獲取安全感,反而會讓自己陷入焦慮與不安之中。因此,真正的幸福不在於擁有多少金錢,而在於是否能夠找到內心的平衡。

我們應該讓金錢成為生活的助力,而不是控制我們的枷鎖。當我們懂得如何理財、適當取捨,並將財富用於有價值的事物時,才能真正實現財務自由與內心的幸福。

無論你賺多少錢,都應該確保健康、家庭與人生目標不被金錢所取代。真正的富足,不僅是擁有金錢,而是擁有駕馭金錢的智慧與自由。

第三章　少一點名利，多一點幸福

第四章

情緒管理 ──
學會轉念，擁抱樂觀

> 凡是有良好修養的人，都懂得控制自己的情緒。
>
> ──拉爾夫・沃爾多・愛默生
> （Ralph Waldo Emerson）

第四章　情緒管理─學會轉念，擁抱樂觀

樂觀是幸福的泉源

擁有樂觀的心態，才能發現生活中的美好。樂觀的人即使身處困境，也能夠在逆境中尋找希望，從而讓心靈得到慰藉。相比之下，悲觀者則容易被負面情緒左右，陷入自我懷疑與無助之中。

研究顯示，在同一家公司中，樂觀的業務員通常比悲觀者更成功。當面臨困難時，悲觀者往往會認為自己不夠優秀，進而放棄努力；而樂觀者則會積極尋找解決方案，從錯中學習，進而提升自己的能力。

某位教授曾讓學生進行陌生拜訪，請對方為公益機構捐款。當接連遭遇拒絕時，悲觀的學生很快就喪失信心，認為自己不適合這份工作；而樂觀的學生則選擇改變策略，嘗試不同的方法，最終成功說服了許多捐款者。這項實驗證明，成功與否往往取決於我們的態度，而不是客觀環境。

樂觀者相信自己能夠掌控人生，當遭遇困難時，他們會積極尋找解決辦法，不輕易放棄；而悲觀者則容易陷入「無能為力」的心態，甚至拒絕向他人尋求幫助，使自己陷入更深的困境。

從前，有一對貧窮的老夫婦，家中唯一值錢的財產是一匹老馬。有一天，丈夫決定將這匹馬帶到市場上，換取更實

> 樂觀是幸福的泉源

用的物品。他先用馬換了一頭牛,又用牛換了一隻羊,再換成一隻鵝,最後換來一袋快要腐爛的蘋果。

當他回到家時,一位陌生人認為他的決定荒唐至極,甚至打賭他的妻子一定會生氣。然而,當妻子聽完整個交換過程後,不僅沒有責怪丈夫,反而充滿感激地說:「太好了!就算最後只剩下一袋蘋果,我們今晚還能做美味的蘋果派!」

這位妻子的樂觀態度不僅讓生活充滿溫暖,也讓這對夫妻獲得了額外的獎勵——因為她的從容與知足,陌生人輸掉了打賭,並送給他們一袋金幣。

決定快樂與否的不是環境,而是我們的態度。即使面對看似不順遂的情境,依然可以從中找到值得感恩的地方。

有位母親獨自撫養兩個女兒,大女兒賣雨傘,二女兒賣扇子。她每天都為天氣擔心:下雨時,她擔憂二女兒的扇子賣不出去;天晴時,她又擔心大女兒的雨傘乏人問津。因此,她的生活充滿了煩惱與焦慮。

某天,一位智者對她說:「妳應該換個角度思考——陰天時,大女兒的雨傘一定賣得很好;晴天時,二女兒的扇子一定熱銷。這樣一來,妳每天都能開心。」

這位母親頓悟,自此不再為天氣而憂心,而是學會欣賞每一天帶來的不同價值。

這個故事說明,改變不了現實,我們可以改變自己的心

第四章　情緒管理─學會轉念，擁抱樂觀

態。人生無法事事如意，但我們可以選擇樂觀地面對挑戰。

一位哲學家曾說：「生活是一面鏡子，你對它微笑，它也會對你微笑；你對它哭泣，它也會讓你陷入悲傷。」這句話道出了樂觀心態的重要性。

擁有樂觀的心態，不僅能讓我們在困難中保持希望，也能吸引更多正面的能量。相反，若總是沉浸在負面極的情緒中，即使機會擺在眼前，也可能因為猶豫與擔憂而錯失良機。

人生難免有低潮，但當我們選擇以正向的態度面對挑戰，並相信自己有能力改變現狀，那麼無論身處何種境遇，都能夠找到幸福的可能。

世事無常，沒有誰的人生是完美無缺的，但樂觀的態度能讓我們減少煩惱，活得更自在。與其抱怨生活的種種，不如轉念思考，發掘生活中的美好。當我們學會用微笑面對世界，世界也會以微笑回應我們。

跟負面情緒說再見

　　我們時常因衝動而說出傷人的話，事後又感到後悔。然而，語言如同一把雙刃劍，無論我們多麼誠心道歉，受傷的人心中依然會留下痕跡。若長期無法控制自己的情緒，不僅會破壞人際關係，還可能影響職場發展，甚至決定我們的人生方向。因此，學會管理情緒，是每個人都該修習的重要課題。

　　情緒影響著一個人的命運，唯有掌控自己的情緒，才能真正掌控人生。那些希望在人生道路上有所成就的人，必須讓憤怒與衝動遠離自己。當一個人能夠擺脫壞情緒的掌控，他將擁有更自由的心境，不再受制於焦慮與煩惱，才能真正敞開胸懷，迎接生命中的美好。然而，若始終與壞情緒糾纏不清，則可能為此付出慘痛的代價。能夠理解這一點的人，通常不會輕易發怒，更不會與人爭執、辱罵、怨恨或責怪他人，而是以冷靜與理性的方式處理問題。

　　從前，有位教師發現班上有一名脾氣暴躁的學生，總是與同學發生衝突，甚至對老師也態度惡劣。為了幫助這名學生改善情緒管理，老師提出了一個方法：「每當你感到憤怒，想要對別人大吼大叫時，就在後院的木柵欄上釘下一根釘子。」

第四章　情緒管理—學會轉念，擁抱樂觀

　　起初，這名學生每天都會在柵欄上釘上許多釘子，直到有一天，他開始發現自己能夠控制自己的怒氣，釘子的數量也逐漸減少。幾個月後，他發現自己已經能夠忍住脾氣，不再需要釘釘子了。

　　老師見狀，便對他說：「很好，現在開始，每當你成功克制自己一整天都不發脾氣，就從柵欄上拔下一根釘子。」這名學生欣然接受，並努力實踐。幾個月後，他終於將所有的釘子拔除，欣喜地向老師報告。

　　老師帶著他來到柵欄前，指著那些釘子留下的痕跡說：「看看這些洞，即使釘子拔除了，柵欄也無法恢復原狀。同樣的，當你用言語或行動傷害別人時，即使事後道歉，那些傷痕仍然存在。」聽到這番話，這名學生深受觸動，從此更加注意自己的言行舉止，學會了控制情緒，也成為了一個更加穩重、理性的人。

　　這個故事告訴我們，憤怒與衝動可能在一瞬間爆發，但留下的傷害卻可能是長久的。學會管理情緒，不僅是對自己負責，也是對他人負責。

　　情緒不僅影響我們的行為，也會影響周遭的人。我們每天都會接觸到各種人，有些人帶來正能量，而有些人則充滿抱怨與負面情緒。長期處於負面情緒的影響下，往往會讓自己變得焦慮、消極，甚至失去對生活的熱情與動力。

> 跟負面情緒說再見

剛進公司的劉凱,原本對工作充滿幹勁,期待能夠努力爭取升遷機會。然而,他的同事阿宏卻是個滿腹牢騷的人,總是抱怨公司制度不公平、升遷機會渺茫,甚至嘲諷那些努力工作的人是「白費力氣」。每天一進辦公室,阿宏就開始數落公司,讓整個部門的氣氛變得沉悶。

起初,劉凱並不受影響,仍然專注於工作,但隨著時間推移,他開始對自己的未來感到迷惘,甚至懷疑努力是否真的有意義。有時,他試圖鼓勵自己保持動力,卻總被阿宏的言語擊垮:「算了吧,沒有背景的人怎麼可能升遷?」漸漸地,劉凱的熱情消退,連原本制定的目標計畫,也早已拋諸腦後。

其實,阿宏的抱怨未必完全正確,但他的負面情緒卻像病毒一樣,影響了身邊的人。研究顯示,職場上較容易獲得成功的人,並不一定是最聰明或最有能力的,而是那些能夠穩定情緒、不被負面影響左右的人。

如果我們經常與充滿負能量的人相處,難免會受到影響。因此,學會避免被他人的壞情緒影響,是一項重要的能力。當我們意識到自己正在被負面情緒影響時,可以試著透過以下方式來調整心境,例如暫時離開情境、深呼吸、或轉換話題,讓自己不被負面情緒牽著走。此外,多與樂觀向上的人交流,讓自己浸泡在正能量中,也能幫助我們維持良好的心態。

第四章　情緒管理—學會轉念，擁抱樂觀

　　心理學研究發現，在職場上獲得升遷，或在工作中表現優異的人，絕大多數都具有穩定的情緒控制能力。他們不僅懂得如何管理自己的負面情緒，也能抵禦來自外界的負能量影響。因此，無論是人際關係還是職場發展，良好的情緒管理能力都是不可或缺的關鍵。

　　人生不可能事事如意，但我們可以選擇如何面對它。當我們學會控制情緒，不讓壞情緒主宰自己，便能活得更加自由與快樂。與其讓憤怒、焦慮與抱怨吞噬幸福，不如轉念思考，擁抱積極與樂觀，讓生活充滿希望與可能性。

保持冷靜，衝動是魔鬼

　　無論面對大事還是小事，保持冷靜、控制情緒都是人生重要的課題。許多人因為一時衝動而做出錯的決定，事後懊悔不已，但後果往往已經難以挽回。其實，在情緒爆發前給自己一點時間，冷靜思考，或許能找到更理智、更合適的解決方式，甚至改變事情的發展方向。

　　情緒就像海上的天氣，時而風平浪靜，時而驟雨狂風。正是因為每個人有不同的情感特質，才讓世界變得多元而豐富。然而，情緒不僅影響個人的內心狀態，也深刻左右我們的行為與判斷。當情緒失控時，我們可能說出不該說的話、做出不該做的事，甚至影響人際關係與職場發展。因此，如何在關鍵時刻保持冷靜，是每個人都該學習的能力。

　　丹尼爾是一名戶外探險愛好者，某次與朋友們前往非洲野外探險時，遇到了一場驚險的意外。他們在一處草原上休息時，一隻獵豹突然出現在不遠處，眼神直盯著丹尼爾。

　　所有人都驚慌失措，紛紛後退，但丹尼爾知道，獵豹的捕獵本能會被突然的動作激發。如果這時候驚慌逃跑，獵豹很可能會迅速發動攻擊。他強迫自己冷靜下來，穩住呼吸，緩慢地與獵豹對視，然後逐步向後退去。幾分鐘後，獵豹失去了興趣，轉身離開，而丹尼爾也成功脫離危險。

第四章 情緒管理—學會轉念，擁抱樂觀

試想，如果丹尼爾當時因為害怕而奔跑，結果會如何？他極可能成為獵豹的獵物，甚至無法活著回來。這件事讓他深刻體會到，面對困境時，冷靜比衝動更能拯救自己。

從前，有位名叫亨利的商人，個性急躁，遇到事情時常常衝動行事。年輕時，他與朋友合夥經營一間小型工廠，但因為一次突發的生意糾紛，他怒氣沖沖地與朋友爭吵，甚至一氣之下決定退出合作，轉身離開。

幾年後，亨利發現當初的工廠發展得相當成功，已經成為當地知名的企業，而自己的事業卻屢屢受挫。他後悔當時沒有冷靜思考，如果當時能多給自己一點時間沉澱，也許現在的成功還有他的一份。然而，人生沒有重來的機會，衝動之下做出的決定，往往讓人追悔莫及。

在一個小鎮上，有位老人名叫湯瑪斯，他年輕時脾氣火爆，經常因為小事與人爭吵。然而，他後來發現，每次生氣後，自己不僅心情低落，還會影響身邊的人。於是，他決定找一種方式來化解怒氣。

他養成了一個習慣，每當感到憤怒時，就跑到鎮上的小路來回走三圈。他邊走邊思考，告訴自己：「我現在氣得不得了，但等我走完這三圈，應該就能冷靜下來了。」

這個習慣陪伴了他一輩子。即使後來他成為鎮上最受尊敬的長者，他仍然保持這個習慣。他說：「當我年輕時，走三

> 保持冷靜，衝動是魔鬼

圈讓我想到，自己還有很多事要努力，沒時間和人計較；現在年紀大了，走三圈則讓我明白，人生已經擁有這麼多，又何必為小事生氣？」

湯瑪斯的故事告訴我們，當我們生氣時，試著轉移注意力，讓自己透過行動來消化情緒，而不是讓情緒掌控我們。

在生活中，我們常常因為意見不同，與朋友或家人發生爭執。如果彼此都不願讓步，情緒激動，甚至惡語相向，最後的結果很可能是關係破裂，甚至形同陌路。然而，倘若我們能在爭吵前先冷靜一下，等對方的情緒平復後再溝通，就能讓衝突降到最低。

許多感情成熟的人，並不是沒有情緒，而是懂得控制自己的情緒。他們知道，在憤怒時說出口的話，可能會帶來無法挽回的後果，因此選擇先冷靜思考，再決定如何應對。

有些人誤以為冷靜等於猶豫不決，或是拖延行動，但事實上，冷靜是讓我們的決策更加理智與周全的關鍵。有時，只需短短幾秒鐘的思考，就能避免一場嚴重的衝突或錯的選擇。

冷靜不會讓我們變得遲鈍，反而能讓我們在面對困難時更加果斷，因為當我們習慣用理智分析問題，就能在危機時刻迅速做出最佳決策。在人生旅程中，冷靜將會是一項極為重要的能力，讓我們更從容地應對挑戰。

第四章　情緒管理─學會轉念，擁抱樂觀

情緒是每個人都會有的，但並非所有人都能掌控它。有些人因為無法控制憤怒，導致人際關係破裂，甚至影響事業與家庭；而有些人則能冷靜應對挑戰，做出最明智的選擇。

如果我們希望擁有幸福的生活，培養理智與冷靜的習慣至關重要。當我們能夠在生氣時給自己一點時間，不讓衝動影響決定，未來的人生將會更加順遂與美好。

在人生的旅途中，我們難免會遇到挫折與挑戰，但選擇如何應對，將決定我們的未來。衝動可能讓我們失去重要的東西，而冷靜則能讓我們找到更好的解決方案。當我們學會控制情緒、保持理智，就能在人生的風暴中穩住步伐，走向更光明的未來。

快樂是一種選擇題

　　快樂一直存在於我們的生活中，只是它完全取決於我們如何選擇。如果我們選擇快樂，它就會伴隨我們；如果我們選擇悲傷與抱怨，它則會離我們遠去。許多人總是四處尋找快樂，但事實上，快樂並不需要尋找，而是由我們自己決定的。

　　現代人的生活節奏緊湊，面對壓力時容易陷入焦慮與不安，讓快樂變得遙不可及。然而，無論外在環境如何，真正能決定我們是否快樂的，始終是我們的內心。當我們決定擁抱快樂，並從不同的角度看待生活時，就會發現，幸福早已近在咫尺。

　　某天，一名年輕人向哲學家問道：「為什麼我從未見過您皺眉？您的心情總是如此愉快嗎？」

　　哲學家微笑著回答：「因為我沒有任何失去後會感到遺憾的東西。」

　　這句話的智慧在於，當我們過度依賴外在事物來獲得快樂時，失去時便會感到痛苦。但若我們能從內心找到快樂的泉源，那麼幸福將不再受外界影響。

　　林肯曾說：「一個人是否快樂，取決於他決定快樂的程度。」有些人身處順境，卻仍愁眉苦臉；有些人即使面對挑戰，仍能保持微笑。關鍵並不在於他們擁有什麼，而在於他

第四章 情緒管理—學會轉念，擁抱樂觀

們的選擇。

有兩位同事，身處相同的工作環境，領著相同的薪水，但一個人每天充滿活力、笑容滿面，另一個人則整日愁眉苦臉、抱怨不斷。這種差異並非因為現實環境不同，而是源自他們的心態。

許多人誤以為，高薪的企業家一定比普通工人快樂，但事實並非如此。許多財富自由的人依然感到焦慮與不安，反而是心境開朗、知足常樂的人，才能真正感受到快樂。

當你決定選擇快樂時，就不要每天帶著沉重的臉孔。心理學家威廉・詹姆士曾說：「當你不快樂時，試著挺起胸膛，微笑起來，你會發現快樂並非遙不可及。」行動與情感相互影響，當我們選擇正向行為時，內心的情緒也會隨之改變。

艾瑞克是一家飯店的經理，他總是保持愉快的心情。每當有人問他：「你今天過得怎麼樣？」他總是笑著回答：「我非常快樂！」

如果同事心情低落，他會告訴對方：「換個角度看，或許這並不是一件壞事。」他堅信，每天醒來時都有兩種選擇——要麼選擇快樂，要麼選擇悲觀，他總是選擇前者。

某天，飯店遭遇搶劫，艾瑞克因為疏忽未鎖後門，而被歹徒持槍攻擊。他在重傷之下被緊急送往醫院，經過數小時的搶救後，他奇蹟般地存活了下來。

> 快樂是一種選擇題

　　六個月後，朋友詢問他的近況，他依然笑著說：「我很好，還是選擇快樂！」朋友好奇地問：「當時你倒在地上，痛苦不堪，你怎麼還能選擇快樂？」

　　艾瑞克回答：「當時，我意識到自己只有兩個選擇——要麼放棄，要麼活下去。我選擇了活下去。我進手術室時，護士問我是否對任何藥物過敏，我回答：『我對子彈過敏！』所有醫生和護士都笑了，我告訴他們：『請把我當成一個活人來治療，而不是死人。』」

　　艾瑞克用行動證明了，快樂並不只是來自順境，而是在逆境中選擇如何看待事情。他的樂觀態度讓他戰勝了傷痛，也讓周圍的人充滿希望。

　　一位年輕人高中畢業後沒有考上大學，許多人以為他會因此陷入低潮，沒想到他卻積極地開始創業，投入養殖業。短短兩年內，他靠著努力與創新致富，幫家人蓋了新房子。

　　然而，在房子完工當天，意外發生了——上梁時，房梁突然倒塌。親友們驚愕不已，氣氛變得沉重，有人甚至哭了出來。但年輕人卻淡定地舉起酒杯，笑著說：「哭是無濟於事的，不如再來一次！既然大家今天已經聚在這裡，不如後天再來一次，這樣我們又多了一次慶祝的機會。」

　　這種樂觀態度讓他成為當地的傳奇人物，也吸引了一家企業經理的注意。當時，這家企業正在尋找銷售主管，其他

第四章 情緒管理—學會轉念，擁抱樂觀

管理層都認為這位年輕人沒有學歷、不適合擔任高階職位。然而，經理卻說：「知識可以學，但樂觀與自信卻無法培養。這樣的人，值得給他機會。」

最終，年輕人進入這家公司，並在短短三年內，讓產品成功打入國際市場，成為公司的重要高層。

這個故事告訴我們，快樂不僅是一種選擇，也是一種力量。當我們選擇積極面對困境，就能創造出新的機會，甚至改變自己的人生軌跡。

每個人都會經歷低潮，但真正聰明的人懂得轉化負面情緒，不讓悲觀的思維主宰自己。快樂並不是天生的，而是一種可以培養的能力。

有人說：「薔薇上有刺，這是悲觀者的看法；刺叢中長出薔薇，這是樂觀者的視角。」同樣的事情，不同的角度，將會帶來截然不同的情感體驗。

無論發生什麼事，選擇快樂的人，總能找到希望；選擇悲觀的人，則會不斷沉溺於痛苦之中。

快樂從來不是偶然，而是一種選擇。當我們選擇用正向的心態看待世界，快樂自然會降臨。人生充滿無法預測的挑戰，但我們可以選擇如何面對它。

只要你願意，無論任何時刻，你都可以選擇快樂。而這樣的選擇，將會讓你的人生更加美好。

放下無謂的煩惱，生活更美好

許多時候，我們的煩惱並非來自現實，而是來自內心的放大與執念。原本微不足道的小事，被我們無限放大，結果變成了困擾自己的枷鎖，甚至影響了我們的情緒與生活品質。其實，只要我們願意轉換心態，不去鑽牛角尖，生活自然會變得輕鬆自在。

曾有一位心理學家為了研究人類的煩惱，設計了一項實驗。他請一群受試者在週日晚上，將自己未來一週內可能面對的憂慮與煩惱寫下來，然後投入一個「煩惱箱」。幾天後，他讓受試者重新檢視自己曾經寫下的「煩惱」，結果發現，九成以上的煩惱根本沒有發生。

接著，心理學家要求這些受試者再將仍然困擾自己的事情寫下來，並再次投入「煩惱箱」。又過了幾天，他們重新檢視，卻發現這些煩惱大多已經不再影響自己。

最後，心理學家總結道：「我們的憂慮有 40% 來自過去，50% 來自未來，真正發生在當下的只有 10%，其中 92% 的煩惱根本不會發生，而剩下的 8% 也大多可以輕鬆解決。」換句話說，大部分的煩惱都是我們自己創造出來的，若能看開一點，就能活得更輕鬆。

一位年輕的和尚，每次打坐時總覺得身旁有一隻蜘蛛騷

第四章　情緒管理─學會轉念，擁抱樂觀

擾著自己，不論怎麼揮動手臂，那隻蜘蛛總是陰魂不散。他向師父訴說這個困擾，希望能找出解決方法。

師父微笑著說：「下次打坐時，帶一支筆，當你看到蜘蛛時，在它身上畫一個記號，看看它究竟從哪裡來。」

年輕和尚照做了。當他再度感覺到蜘蛛的存在時，便拿起筆畫了一個圓圈。等他完成打坐後，睜開眼睛，驚訝地發現，圓圈竟然畫在自己的肚皮上。

這個故事讓我們明白，許多我們認為外在的問題，其實根源在自己內心。我們以為的困擾，往往來自於內心的焦慮與不安，而不是外在環境的影響。

幾位大學校友相約回到母校，探望他們的老師。久別重逢，大家興奮地聊起近況，然而，不久後話題便變成了抱怨與訴苦。有的人抱怨工作壓力大，有的人感嘆事業不順，有的人說婚姻生活乏味，有的人則為單身煩惱⋯⋯每個人似乎都有說不完的不滿。

老師靜靜地聆聽，然後走進廚房，拿出一盤形狀各異的杯子，裡面有精緻的瓷杯，也有普通的玻璃杯與塑膠杯。他請學生們倒水喝，結果大家毫無例外地選擇了最好看、最貴的杯子。

老師笑著說：「你們注意到了嗎？大家其實需要的只是水，而不是杯子，但你們卻把焦點放在挑選杯子上。這不正是你們煩惱的根源嗎？」

> 放下無謂的煩惱，生活更美好

學生們恍然大悟。老師接著說：「工作、金錢、地位就像是那些杯子，這些東西只是盛裝生活的容器，真正重要的是生活本身。倘若我們過於執著於這些外在的『杯子』，卻忘了品味『水』，那麼煩惱自然會接踵而來。」

許多時候，我們過於執著於外在的形式，卻忽略了真正的內涵。當我們放下不必要的執念，才能真正體會生活的美好。

生活本來就不可能沒有煩惱，但許多煩惱其實是我們自己放大、甚至「自創」的。如果我們總是鑽牛角尖，沉溺於過去的遺憾或對未來的焦慮，那麼當下的幸福便會在無形中流失。

那麼，要如何避免自尋煩惱呢？

1. 減少過多的欲望

過多的欲望往往是煩惱的根源。當我們渴望的東西超出自己能力範圍時，就容易感到焦慮與挫折。學會知足，才能真正感受到快樂。

2. 學會順其自然

人生總有起伏，世事難以盡如人意。有時候，學會接受、適應現狀，比起不斷抗拒與抱怨，更能讓我們活得輕鬆自在。

第四章　情緒管理—學會轉念，擁抱樂觀

3. 寬容對待他人的缺點

許多人之所以煩惱，往往是因為對他人的要求過高。試著包容別人的缺點，便能讓人際關係更加和諧，心境也會更平和。

4. 保有童心，學會幽默

童心純真，能讓人更容易發現生活的樂趣。當我們用幽默的態度面對困境時，煩惱便會不知不覺地消散。

人的一生短暫而珍貴，實在沒必要讓無謂的煩惱浪費寶貴的時間。我們可以尋找愛、尋找成長、尋找快樂，但絕對不要刻意尋找煩惱。

當我們願意放下執念，不再與自己過不去，生活便會變得簡單而美好。從今天開始，學會把煩惱擋在心門之外，讓自己活得更輕鬆、更自在。因為日子，是過給自己的，而不是用來折磨自己的。

學會欣賞自己

懂得欣賞自己,是人生中最重要的一門功課。當我們學會欣賞自己,才能真正認識自己的價值,發掘內在的潛能,並對生活產生深刻的熱愛。只有當我們真心欣賞自己,才能找到做事的熱情,並努力追求卓越,而這樣的成就感,才是最純粹、最無私的成功喜悅。

世界上的美麗不僅僅來自外在的風景,更來自於內心的視角。當我們學會欣賞自己,就能用更寬廣的眼光去看待人生,發現世界的多樣性,甚至將生命中的挑戰視為成長的契機。

真正懂得欣賞自己的人,即使在面對挫折時,也能夠在困境中找到價值,在挑戰中看到機會,並對未來充滿希望。他們不會因一時的失敗而否定自己,也不會因短暫的低谷而迷失方向,而是懂得用自信與堅持去面對人生的變化。

陳曦曾是一名外商企業的高階主管,為了拓展人脈,她每天穿梭於各種商業聚會,應酬不斷。這樣的生活讓她獲得了一些事業上的機會,但同時也讓她感到疲憊不堪。她發現,自己開始過度在意別人的看法,甚至害怕被忽視。

某天,她在鏡中看到自己略顯疲憊的臉龐,才驚覺這樣的生活並不快樂。於是,她決定重新調整步調,將下班後的

第四章　情緒管理—學會轉念，擁抱樂觀

時間留給自己，改變生活方式。她開始選擇閱讀、泡澡、聆聽音樂，而不再強迫自己參加不必要的社交活動。

當她開始懂得欣賞自己的內在價值，而非依賴外界的認可時，她的內心變得更加平靜，工作也變得更加順利。她明白，真正的自信來自於對自己的肯定，而非外界的眼光。

許多人總是專注於自己的缺點，而忽略了自己所擁有的優勢。例如，有些人可能覺得自己外貌平凡，但他們卻擁有溫暖的笑容或迷人的嗓音；有些人或許不擅長理性分析，卻擁有出色的創造力與藝術天賦。

人生沒有完美，每個人都有自己的特點與長處，關鍵在於如何發掘與珍惜。如果我們總是盯著自己不足的地方，就會讓自己陷入不必要的自卑與煩惱，甚至失去對生活的熱情。

當我們學會欣賞自己，不僅能夠帶來快樂，還能賦予我們無限的力量。欣賞自己不等於自滿，而是對自己的價值有清楚的認識，並且願意在優勢的基礎上持續進步。

真正成功的人，不是那些單純追求名利的人，而是能夠在任何環境下都能自得其樂，並感到充實的人。他們的成功並不僅僅來自於外在的成就，而是來自於內心的滿足與對生活的熱愛。

> 學會欣賞自己

　　學會欣賞自己，並不意味著停止成長，而是讓我們在追求進步的過程中，學會肯定自己的努力，並對未來充滿期待。當我們懂得欣賞自己，就會發現生活中的每一個階段都有其獨特的價值，每一次經歷都是成長的一部分。

　　真正的幸福，來自於對自己的接納與欣賞。當我們願意擁抱自己的優點與缺點，並在不斷學習與成長的過程中找到自我價值，生活便會變得更加美好。

　　在這個競爭激烈的世界中，我們常常被要求與他人比較，然而，真正的成功並不是來自外在的比較，而是來自內心的成就感。當我們學會欣賞自己，就能夠活出屬於自己的精彩人生，而這樣的快樂，才是最珍貴的。

　　人生短暫，別讓自我懷疑與外界的期待限制了你的可能性。從今天開始，學會欣賞自己，發掘內在的價值，並用最自信的姿態迎接每一天。因為，當你懂得欣賞自己時，你的人生將變得更加充實而美好。

第四章　情緒管理—學會轉念，擁抱樂觀

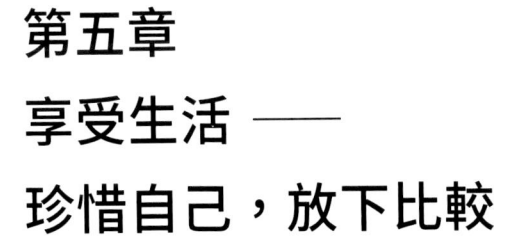

第五章
享受生活 ──
珍惜自己,放下比較

幸福不是擁有最多,而是計較最少。

── 達賴喇嘛

第五章　享受生活—珍惜自己，放下比較

比較讓我們忽略了幸福

在這個資訊發達、競爭激烈的時代，我們常常不自覺地拿自己與他人比較。看到朋友換了新車、同事升職、同學開了公司，我們可能會羨慕，甚至懷疑自己的選擇。然而，盲目的比較只會帶來焦慮與不安，讓我們忽略了自己真正擁有的幸福。

真正的快樂來自於珍惜當下，欣賞自己，並活出符合自己價值的生活方式。

比較心理是人類的本能，適度的比較能激勵我們進步，但若過度執著於與他人較量，反而會讓自己陷入無止境的焦慮。

有些人剛買了房，覺得滿足，直到看到朋友住上豪宅，便開始感到不安；有些人剛換了車，覺得興奮，但發現鄰居開的是豪華品牌，便開始覺得自己遜色。這種「比上不足」的心理，讓人總覺得自己不夠好，無法享受當下的生活。

然而，真正的幸福並不來自於與別人的比較，而是來自於對自己的認同與滿足。如果我們總是專注於別人擁有的，便會忽略自己已經擁有的美好。

從前，有一位國王，坐擁江山，卻總覺得不快樂。他羨慕那些雲遊四方的旅人，認為他們無憂無慮，活得自在。

> 比較讓我們忽略了幸福

一天，國王走進皇宮花園，卻發現原本生機盎然的花草樹木全都枯萎了。他詢問橡樹，橡樹嘆息說：「我羨慕松樹的高大，努力向上生長，卻耗盡了所有的養分，結果枯萎了。」

他再問松樹，松樹回答：「我看到葡萄藤能結出果實，自己卻無法，便整日哀愁，最後連根枯死。」

接著，他詢問葡萄藤，葡萄藤說：「我看到鬱金香如此鮮豔美麗，卻發現自己無論怎麼努力都無法開出那樣的花朵，於是心灰意冷，逐漸枯萎。」

最後，國王低頭看見一株小草仍然茂盛生長，便問：「為什麼你還能如此健康呢？」

小草微笑著說：「因為我不與任何植物比較，我只想做最好的自己。」

國王恍然大悟，明白了自己一直無法快樂的原因——他總是在與別人比較，卻沒有珍惜自己所擁有的一切。

比較不僅會影響心情，還可能讓人做出錯的決定，甚至失去原本擁有的一切。

林誠在一家知名企業擔任行銷經理，業績表現優異，深受上司器重。某天，他因為考慮轉職而向公司提出辭呈，沒想到公司為了挽留他，不僅加薪，還承諾在半年內晉升他的職位。林誠覺得自己的價值受到了肯定，於是決定留下。

第五章　享受生活—珍惜自己，放下比較

這件事很快傳到了另一位部門主管王浩的耳裡。他心想：「如果林誠能夠靠這種方式獲得升職加薪，那麼我是不是也可以試試？」

於是，王浩也向公司遞出了辭呈，期待獲得同樣的待遇。然而，讓他意外的是，總經理毫不猶豫地接受了他的辭職，甚至立即安排了交接事宜。

原來，公司一直認為王浩的表現平庸，對他的管理能力也有所質疑，只是暫時沒有合適的替代人選。如今他主動提出離職，公司正好順勢換人。

王浩懊悔不已，卻為時已晚。他的失敗，來自於對他人的盲目比較，沒有正確評估自己的價值，最終搬起石頭砸自己的腳。

比較，若是用來激勵自己向上，無疑是一種成長的動力。但如果我們只是基於虛榮心，不斷與他人較量，只會讓自己陷入無謂的煩惱，甚至影響人生的決策。

《三國演義》中的周瑜，才華出眾，卻因為忌妒諸葛亮的聰明而憂愁成疾；童話故事裡的皇后，每天問著「魔鏡魔鏡，誰是世界上最美的人？」，當發現白雪公主比自己美麗時，便充滿嫉妒，最終落得悲慘下場。這些例子告訴我們，過度的比較與嫉妒，最終只會帶來痛苦與毀滅。

> 比較讓我們忽略了幸福

與其執著於與人比較,不如專注於自己的成長。真正幸福的人,不是擁有最多的人,而是懂得知足與珍惜當下的人。

哈佛心理學教授曾說:「一個人真正的成就,不取決於他超越了多少人,而取決於他是否成為了最好的自己。」

人生的價值,不在於與人爭高低,而在於是否忠於自己的內心,活出自己真正想要的生活。

從今天開始,試著放下無謂的比較,珍惜自己的優勢,欣賞自己的獨特之處。當你不再為了追趕別人的腳步而疲於奔命,當你能夠用感恩的心去看待生活,你會發現,幸福一直都在你身邊。

第五章　享受生活—珍惜自己，放下比較

放下過去，迎向未來

在人生旅程中，難免會遇到挫折與失敗。或許是一場未能如願的考試，也可能是一段未能維繫的關係，亦或是一個錯的決定。許多人習慣於沉溺過去的懊悔之中，反覆回顧那些無法改變的事，結果不僅無法彌補錯誤，反而讓自己困於痛苦的漩渦。然而，已經發生的事情無法重來，唯有學會放下，才能讓未來有更好的可能。

「別為打翻的牛奶哭泣」這句諺語提醒我們，無法挽回的事情，就不該成為心中的包袱。過去無法改變，但可以選擇如何面對。與其一直耿耿於懷，不如學習從中獲得經驗，讓這些經驗成為前進的動力，而非阻礙。

在美國一所學校，一位心理學教授曾經設計過一堂特別的課程來傳達這樣的觀念。上課時，他拿出一瓶牛奶，然後毫不猶豫地將它打翻在地，瓶子破裂，牛奶灑滿桌面。學生們驚訝地看著這一幕，完全不明白老師的用意。

教授微笑著說：「這瓶牛奶已經打翻，無論我們多麼希望它回到瓶中，都已經無法改變。現在，你們可以選擇如何看待這件事。」

有學生說應該趕快清理，不讓它弄髒地板；有學生認為可以分析為何瓶子會打翻，避免下次發生類似情況。教授點

> 放下過去,迎向未來

點頭,說道:「這就是人生的縮影。當一件事情已成定局,與其沉溺於後悔與自責,不如學習如何應對,讓未來變得更好。」

這堂課讓學生們深刻體會到,過去的錯誤無法改變,但他們可以決定如何面對,選擇向前,而非困在遺憾之中。

歷史上許多成功人士都曾面臨挫折,但他們能夠突破困境,關鍵就在於選擇放下過去,把焦點放在未來的成長。日本知名企業家孫正義,在創業初期曾投資一家電子翻譯機公司,結果這項投資並不成功,不僅損失大量資金,還面臨巨大的壓力。然而,他並沒有因此停滯不前,而是將這次失敗視為寶貴的經驗,調整方向,轉向其他科技產業,最終創立軟銀(SoftBank),成為全球最具影響力的企業家之一。

如果孫正義選擇讓失敗定義自己,沉浸於過去,他的事業恐怕就止步於那次挫折了。但正是因為他能夠放下,才能迎向更大的成功。

現實生活中,許多人總是糾結於過去的失敗,導致自己無法前進。例如,有些人在職場上因一次專案的失敗,就開始懷疑自己的能力,不敢再接受挑戰;有些學生因為一次考試不理想,就認為自己沒有未來,失去學習的動力。然而,這樣的心態只會讓自己停滯不前,錯失成長的機會。

心理學研究顯示,成功人士與普通人的最大區別,在於

第五章　享受生活—珍惜自己，放下比較

他們如何面對失敗。成功者不會讓一次錯誤定義自己，而是將其視為學習的機會，調整策略，繼續努力。

印度詩人泰戈爾曾說：「如果你在錯過太陽時流淚，那麼你也將錯過群星。」這句話告訴我們，過去的事情已經無法改變，與其沉溺於遺憾，不如珍惜當下，期待未來的可能性。人生的旅程仍在繼續，唯有選擇向前，才能發現世界仍然充滿無限機會。

當你面對一次不理想的考試成績，當你的計畫遭遇挫折，當你在人際關係中受傷，請學會告訴自己：「這並不是世界的終點，而是一個新的起點。」選擇放下，選擇向前，你將發現，世界其實比你想像得更加寬廣。

過去的錯誤就讓它過去，不要讓它成為你前進的枷鎖。當你學會不再為「打翻的牛奶」而難過，你會發現未來仍然充滿希望與可能。

快樂生活其實很簡單

在這個節奏快速的社會，人們總是被各種壓力和欲望驅使，忙碌於無止盡的競爭與比較，卻忽略了真正的幸福往往來自於簡單的生活方式。隨著時間的推移，越來越多的人開始渴望返璞歸真，尋求一種簡單而快樂的生活。簡單並不意味著放棄奮鬥，而是選擇有價值的事情去做，減少不必要的負擔，讓心靈獲得真正的自由。

美國作家亨利・大衛・梭羅（Henry David Thoreau）曾在瓦爾登湖畔度過兩年的簡樸生活，他用自己的親身經歷告訴世人：「我願意深深地生活，汲取生命中所有的精華。」他的故事成為了無數現代人追求簡單生活的靈感來源。梭羅的生活哲學強調的是去除不必要的複雜，以最純粹的方式體驗生命，找到真正的快樂。

在現代社會，人們往往背負著過多的期望和壓力，導致生活變得過於沉重。一個企業高階主管湯姆，曾經擁有令人羨慕的財富與地位，但他發現自己每天都被無數的會議、電話、應酬和壓力包圍，甚至沒有時間好好陪伴家人，內心逐漸感到空虛。

有一天，湯姆決定放下一切，他賣掉豪宅，搬到一個寧靜的小鎮，選擇過上簡單的生活。他開始閱讀、種植花草、

第五章　享受生活—珍惜自己，放下比較

與家人共度時光，並重新發掘自己的興趣。他發現，真正的快樂並不來自於金錢與名利，而是來自於內心的滿足與自由。當他學會減少不必要的負擔，生活反而變得更加充實。

簡單生活的智慧在於選擇與取捨。在許多時候，人們習慣將生活過得繁瑣，以為這樣才算充實，但事實上，過多的負擔只會讓我們迷失方向。就像一隻小麻雀和一隻老鷹的故事：

這兩隻鳥決定從美國飛往南美洲尋找更適合生存的環境。老鷹帶上了滿滿的補給品，包括食物、水、藥品，甚至還準備了一塊木板來當作休息的地方。然而，當牠背起這些沉重的物品時，發現自己根本無法飛行。相反地，小麻雀只帶了一根小樹枝，當牠飛累了，就把樹枝放在水面上作為臨時的休息站，然後繼續前行。最終，小麻雀順利抵達目的地，而老鷹則因為過重的負擔而滯留原地，甚至失去了前進的動力。

這個故事告訴我們，過多的負擔會拖累我們，甚至阻礙我們前進。學會簡化生活，不只是對物質的取捨，更是心靈上的釋放。真正的自由，來自於我們能夠放下那些不必要的執念與壓力，讓自己輕裝上陣，享受當下的美好。

曾經有一位事業有成的女性艾莉絲，擁有豪宅、名車與奢華的生活，但她並不快樂。她每天要參加無數的社交活

動，維持光鮮亮麗的形象，內心卻感到極度疲憊。後來，她決定改變生活方式，搬到一個寧靜的地方，過上簡單的生活。她開始學習繪畫、種植花草，過著自己真正想要的日子。她發現，真正的幸福來自於內心的寧靜，而不是外在的物質。

簡單生活並不代表消極或逃避，而是讓我們專注於真正重要的事物，擺脫不必要的煩惱。在這個資訊爆炸的時代，我們容易被各種比較和期待困住，導致內心焦慮不安。然而，只要我們願意停下來，審視自己的內心，就會發現，簡單的生活其實才是最接近幸福的方式。

當我們學會減少不必要的負擔，專注於真正重要的事情，生活就會變得更加充實。我們不需要擁有一切，才能感受到滿足；相反地，當我們懂得珍惜當下，簡化生活，幸福便會自然而然地來到。

哈佛心理學教授曾說：「過一種快樂的簡單生活，就是做你真正想做的事情，堅決不做你不想做的事情。」這句話提醒我們，快樂並不來自於繁忙與競爭，而是來自於對生活的掌控與選擇。當我們學會放下那些不必要的執念，擁抱簡單，我們將發現，快樂其實一直都在我們身邊。

第五章　享受生活—珍惜自己，放下比較

童心未泯，快樂長存

在這個步調飛快、充滿壓力的世界裡，許多人逐漸失去了童年的純真與快樂，被現實的煩惱與責任壓得喘不過氣。然而，那顆赤子之心並未消失，而是埋藏在我們內心深處，等待我們重新發掘。擁有童心並不代表幼稚，而是一種成熟與豁達的表現，是一種能夠讓我們在人生旅途中依舊保持活力與快樂的智慧。

童心，是我們內在最純粹的能量。它不僅讓我們對世界保持好奇心，還能帶來無盡的快樂與滿足。失去童心，生活容易變得枯燥乏味，甚至導致身心疲憊；而找回童心，許多煩惱也會迎刃而解，生活自然多了幾分輕盈。

德國兒童文學家埃里希·凱斯特納（Erich Kästner）曾說：「真正完整的人，並不是忘卻童年，而是能夠一直保有童心。」這句話提醒我們，成長並不意味著放棄單純的快樂，而是應該帶著童年的純真與熱情，走向更廣闊的世界。

企業家喬伊從小對機械充滿熱愛，童年時總是拆解家中的電器，試圖理解它們的運作原理。長大後，他進入科技業，成為一名工程師，但他的創造力卻因繁重的工作逐漸被消磨殆盡。有一天，他在整理舊物時，發現了小時候用樂高

積木搭建的飛行器模型,這讓他重新燃起了對創新的熱情。

他開始放下那些繁瑣的條條框框,用孩子般的心態去探索與創造,最終開發出了一款極具創意的機器人教育套件,幫助無數兒童培養對科學的興趣。喬伊後來感嘆道:「如果我沒有找回童心,我的創造力可能會被埋沒。」

童心能夠帶給我們無限的想像力與創造力,讓我們在成長的過程中,仍然保持對世界的熱情與探索精神。

一位企業家帶著他的孩子去鄉村度假,原本想讓孩子見識「貧窮」的生活,沒想到孩子卻興奮地說:「爸爸,他們擁有比我們還多的快樂!我們家只有一隻貓,他們有三隻;我們的游泳池很小,他們卻擁有一條大河;我們的花園裡只有幾盞燈,他們的天空卻掛滿了星星!」

這段經歷讓這位企業家重新思考了「富有」的真正含義。他發現,當我們換個角度看待世界,簡單的事物也能帶來極大的快樂。而這種對世界的純真欣賞,正是來自於童心。

研究顯示,擁有童心的人通常更健康快樂。南宋詩人陸游即使到了七十多歲,仍然喜愛與曾孫騎竹馬玩耍。他的童心讓他保持年輕的心態,也讓他的身體更加硬朗,最終活到了八十五歲的高齡。

心理學家發現,許多成年人因為壓力與焦慮,逐漸失去

第五章　享受生活—珍惜自己，放下比較

快樂的能力，甚至影響身體健康。而那些能夠保持童心的人，通常更容易適應生活中的變化，並且能夠更快地從困境中走出來。

那麼，要如何找回童心呢？

1. 回憶童年

試著回憶童年時最純真的快樂，例如放風箏、堆沙堡、捉迷藏，這些看似簡單的活動，卻能讓我們找回當初的美好感受。

2. 與孩子相處

和孩子們一起玩耍、講故事，能夠讓我們重新感受童年的單純與樂趣，也能讓我們的心靈變得更加柔軟與開放。

3. 培養幽默感

擁有幽默感的人通常更容易面對生活的挑戰。適時開懷大笑，不僅能減輕壓力，還能讓我們的生活更加輕鬆自在。

4. 享受當下

孩子總是全然投入於當下，不會被未來的擔憂或過去的遺憾困住。如果我們學會專注於當下，珍惜眼前的一切，幸福自然會變得更加觸手可及。

童心未泯，快樂長存

法國作家安東尼・聖修伯里（Antoine de Saint Exupery）在《小王子》（*The Little Prince*）中說：「所有的大人都曾經是孩子，但只有少數人記得這件事。」

我們或許已經長大，面對著各種現實的挑戰，但那顆純真的童心，始終在我們心裡等待被喚醒。當我們學會用孩子的眼光去看待世界，去發現生活中的小確幸，去笑對困難與挑戰，那麼無論我們身處何地、年歲幾何，快樂都將與我們同在。

保持童心，不只是擁有快樂的祕訣，更是一種智慧與生活態度。願我們都能在人生的旅途中，始終懷抱赤子之心，讓世界充滿無限的可能與美好。

第五章　享受生活—珍惜自己，放下比較

轉換視角，改變人生局面

人生在世，難免遭遇困境，無論是職場、家庭或人際關係中，總會有令人煩惱的時刻。然而，痛苦與快樂往往取決於我們的心態。如果能夠用智慧將困境轉化為機會，那麼生活將不再充滿痛苦，而是充滿成長與可能性。

心理學家馬丁・賽里格曼曾提出「習得性樂觀」的概念，認為人們可以透過改變思考方式，學習如何以正向心態面對挑戰。當我們選擇以樂觀的態度看待問題，便能在看似負面的情境中找到轉機。

布萊恩在30歲時開設了一間小型餐廳，憑藉獨特的料理風格吸引顧客，然而因管理不善，兩年內便面臨倒閉。他的投資人撤資，食材大量滯銷，員工陸續離職，幾乎沒有任何翻身的機會。

某天，他在清理冷藏庫時，發現因溫度變化影響的牛肉意外呈現出特殊風味。他靈機一動，決定轉型為熟成牛排專賣店，將「熟成」變成餐廳的品牌特色，並強調這種特殊處理方式能讓牛肉風味更濃郁。結果，他的餐廳不僅重新站穩市場，還成為當地知名品牌，甚至擴展至國際市場。

這個案例說明，當困境降臨時，我們可以選擇沉溺於負面情緒，或是尋找突破口，決定未來的方向。當人們學會從

> 轉換視角，改變人生局面

不同的角度看待問題，便能發現即使是挑戰，也可能隱藏著新的機會。

鐘錶師喬納斯原本經營一家傳統鐘錶店，隨著電子科技的發展，機械鐘錶市場逐漸萎縮。他的店面面臨倒閉，但他選擇將困境轉化為機會，開始研發「復古訂製鐘錶」，強調手工設計與獨特工藝，吸引收藏愛好者，最終在市場中重新找到定位。

當我們遇到困難時，不妨問問自己：這件事能帶來什麼新的可能性？有沒有尚未發掘的價值？

美國心理學家亞伯特·艾利斯（Albert Ellis）認為，當人們遭遇困境時，若只是反覆思考問題，而不採取行動，容易讓負面情緒擴大，導致更深的焦慮與壓力。相反，主動尋找解決方案，即便只是小小的改變，也能帶來心理轉變。因此，當你感到困擾時，不妨問問自己：「我現在能做些什麼來改善現狀？」即便只是微小的行動，也能讓你從負面情緒中跳脫出來。

不論在商業或日常生活中，許多成功人士都懂得將逆境轉化為機會。曾經，一位澳洲果農遇到一場突如其來的冰雹，將他的蘋果園打得體無完膚，所有蘋果表皮佈滿傷痕，無法銷售。然而，他靈機一動，將這批「外表受損但風味更濃郁」的蘋果重新包裝，並強調其獨特口感，甚至推出相關

第五章　享受生活—珍惜自己，放下比較

果醬產品。結果，這批「受傷的蘋果」成為市場上炙手可熱的商品，甚至比原本完美無瑕的蘋果銷量更高。

這個案例提醒我們，每一個看似不利的情境，可能都蘊藏著尚未發掘的價值。困境與機遇往往是一體兩面，取決於我們如何選擇去看待它。

法國作家維克多・雨果（Victor Hugo）曾說：「即使黑夜降臨，星星仍然閃耀。」在人生的旅途中，困難與挑戰無可避免，但我們可以選擇如何回應它們。當我們以正向的態度去面對，看見問題背後的可能性，並勇敢地採取行動，許多原本的障礙將成為通往成功的階梯。

與其抱怨現狀，不如主動改變；與其害怕失敗，不如視它為學習的機會。當我們學會將困境轉化為契機，人生將不再充滿痛苦，而是無限可能的舞臺。

活出自我，無須羨慕他人

在這個資訊爆炸的時代，我們很容易透過社群媒體看到別人光鮮亮麗的生活，無論是豪華旅行、夢幻婚禮，還是高薪職位，這些表面的美好總讓人心生羨慕。然而，當我們一味地嚮往他人的生活模式時，往往忽略了自己的價值與獨特性。學會專注於自己的道路，而非追逐他人的光環，才能真正找到屬於自己的幸福。

許多人總是不由自主地羨慕別人擁有的一切，可能是穩定的事業、寬敞的房子、名貴的車輛，卻很少停下來思考：我們自身或許也正是別人羨慕的對象。我們常看到成功者的風光，卻看不到他們背後的犧牲與努力。

有句話說：「家家有本難念的經。」我們所嚮往的生活方式，或許對他人來說，並不一定是幸福。表面的光鮮亮麗，可能隱藏著不為人知的壓力與煩惱。比起盲目羨慕他人，不如好好珍惜自己所擁有的。

一則來自歐洲民間的故事曾這樣描述：

一名漁夫與農夫住在河的兩岸，他們各自過著與自然共存的生活。然而，漁夫每天看著農夫日出而作、日落而息，覺得這樣的生活踏實而安穩；而農夫則羨慕漁夫悠然自得地

第五章　享受生活—珍惜自己，放下比較

駕舟捕魚，感覺這樣的日子更愜意。他們互相羨慕，最終決定交換身份。

然而，當漁夫變成農夫，才發現種地的辛苦超乎想像，而農夫變成漁夫後，也發現捕魚需要高度技巧，並非隨意撒網就能有所收穫。最終，他們都發現自己最適合的，還是原本的生活，於是選擇回到自己的崗位。

每個人都有最適合自己的生活方式，盲目羨慕他人，反而容易讓自己陷入迷惘，忽略了自身的價值與優勢。

亞倫是一位原本在大企業擔任高階主管的商業精英，但他始終覺得內心缺乏滿足感。他的朋友都是企業家、投資人，每天談論的是股市、資產配置，而他卻對藝術與古董收藏充滿熱情。

在一次重大市場變動後，他決定離開商業圈，回到家鄉開設古董收藏館，專注於自己熱愛的事物。他不再關心朋友們如何在金融市場翻雲覆雨，而是將心力投入在藝術品的研究與收藏。幾年後，他成為知名的古董鑑賞家，作品在國際間獲得極高的評價，也過上自己夢寐以求的簡單生活。

他的人生轉變讓人驚嘆，而他的成功來自於「專注於自己真正熱愛的事情」，而不是一味追隨別人的腳步。當我們找到屬於自己的熱情，就能活得更踏實，而不是總在羨慕他人的選擇。

> 活出自我，無須羨慕他人

　　瑞典攝影師艾瑞克・約翰森（Erik Johansson）從小就熱愛攝影，畢業後他沒有選擇一條高薪穩定的職業道路，而是專心投入攝影創作。他的作品以超現實風格聞名，突破了傳統攝影的框架。他的朋友們曾笑他：「你不找份穩定的工作嗎？」然而，艾瑞克堅持自己的道路，最終成為全球知名的攝影藝術家，他的作品被許多國際品牌採用，甚至登上國際展覽。

　　他成功的關鍵在於：他沒有羨慕別人如何賺錢，而是專注於自己的熱情，並將它做到極致。如果當初他選擇放棄攝影，去追求所謂「正常」的職業，他或許會成為一名平凡的上班族，而不是在藝術界發光發熱。

　　如果我們總是把眼光放在別人身上，覺得別人的生活比自己好，永遠無法感受到內心的平靜與滿足。反之，當我們學會珍惜自己的生活，找到自己的興趣與價值，幸福就會隨之而來。

　　每個人都有自己的人生軌跡，沒有人能夠完全複製他人的生活方式。我們不需要羨慕別人的光環，也不必仰望別人的選擇，因為每個人都有屬於自己的快樂與價值。

　　不羨慕別人，才能真正找到自己。當我們學會專注於自己，而非一味模仿或追隨他人，才能真正活得從容自在，擁抱屬於自己的幸福。

第五章　享受生活—珍惜自己，放下比較

放下過去，擁抱快樂

我們都希望人生能夠順遂，然而，現實並不總是如我們所願。無論我們多麼努力，仍會遇到挫折與不如意的時刻。與其緊抓著過去不放，讓自己陷入無止盡的懊悔與痛苦，不如學會適時放下，讓未來的光芒驅散昨日的陰霾。真正的幸福，不是來自於回顧過去，而是勇敢地向前邁進。

在生活中，我們經常因為過去的遺憾而耿耿於懷，甚至錯過眼前的美好。馬丁·賽利格曼曾指出，過度反芻過去的不快經驗，會降低個人的幸福感，使人陷入無盡的焦慮與自責。

有位釣魚愛好者，某次在釣魚時錯失了一條大魚，讓他難以釋懷。儘管之後仍有不錯的漁獲，但他始終懊悔那條「本來可能是自己釣過最大」的魚。他不斷回想當時的情境，責怪自己的失誤，甚至影響到日常生活的情緒。結果，他錯失了真正該享受的當下，只因為放不下那條已經消失在水中的魚。

這樣的心理狀態，正是許多人生活中的縮影。我們總是不由自主地想著「如果當初……」，但現實是，時間無法倒轉，錯過的機會已成為過去，唯有接受事實，才能讓自己從遺憾中解脫。

真正的強者,不是無所畏懼,而是懂得放下不必要的負擔。曾有一位企業家,在事業正值巔峰時,遭受競爭對手的惡意誹謗,導致公司聲譽受損。他的朋友想告訴他誣陷者是誰,但這位企業家卻選擇不去探究,甚至說:「知道了又如何?該發生的已經發生,我只想專注於未來。」

這樣的態度,讓他免於陷入仇恨與無謂的報復,而是將精力投入於事業重建,最終成功逆轉頹勢,再創佳績。這個故事告訴我們,學會忘記,不只是對過去的原諒,更是對自己的成全。

有一則來自阿拉伯的故事——

三位好友同行旅行,其中一人不慎跌入山谷,另一位好友奮力將他拉起來。獲救後,他在石頭上刻下:「某年某月某日,某某救了我一命。」

幾天後,這兩人因小事爭吵,其中一人憤怒地打了對方一巴掌。被打的人沒有報復,而是在沙灘上寫下:「某年某月某日,某某打了我一耳光。」

朋友好奇地問:「為何一件事刻在石頭上,而另一件事寫在沙子上?」

他回答:「恩情應當永記,而怨恨則讓它隨風消散。」

生活中有些事值得記住,而有些事則該隨風而去。過度糾結於傷害,只會讓自己更痛苦,而學會忘記,才能讓心靈

第五章　享受生活—珍惜自己，放下比較

獲得自由。

許多人總是沉迷於過去的輝煌，或執著於曾經的傷痛，卻忽略了當下與未來的可能性。過去的成功無法保證未來的榮耀，而過去的挫敗也不該成為阻礙前進的包袱。

學會忘記，不是要我們對過去漠不關心，而是選擇性地遺忘那些無法改變的痛苦，以更輕盈的步伐邁向明天。

心理學家丹尼爾·康納曼在研究中指出，人的大腦有「選擇性記憶」的特性，若我們刻意去關注快樂的回憶，忽略不愉快的經驗，就能有效提升整體的幸福感。

試著忘記那些無法改變的遺憾，擁抱當下的美好，你會發現生活比想像中更值得珍惜。

人生是一場不斷前行的旅程，若我們總是背負著沉重的過去，如何能輕盈地迎向未來？學會忘記，是為了讓自己擁有更多的空間，去迎接更美好的可能。

真正的幸福，不是來自於回憶過去，而是來自於活在當下，並勇敢地迎向未來。從今天開始，試著放下那些不必要的負擔，你會發現，快樂其實一直都在你的身邊。

第六章
人際關係 ——
善待他人，成就自己

施比受更有福。

　　　　　　　——《聖經‧使徒行傳》

第六章　人際關係－善待他人，成就自己

贈人玫瑰，手留餘香

在我們的一生中，無論處於何種境遇，幫助別人往往能帶來意想不到的收穫。當我們願意伸出援手時，不僅讓別人受惠，也為自己播下善意的種子，最終在未來的某一天，收穫更多的幸福與回報。

有一則寓言故事生動地詮釋了施與受的真諦。

一位智者來到地獄參觀，發現這裡的人民坐在豐盛的宴席前，但卻個個面露憂愁，甚至飢腸轆轆。原來，他們每個人的手臂上都綁著長長的餐具，無法自己進食。儘管眼前有豐盛的食物，卻沒有人能夠享用。

接著，智者來到天堂，發現這裡的景象與之前極為相似：同樣的長柄餐具、同樣的豐盛美食，但這裡的人們卻是歡聲笑語、氣氛融洽。仔細觀察後，他發現了一個關鍵的不同──這裡的人懂得彼此餵食，每個人都用長柄餐具幫助對方進食，因此不僅彼此填飽了肚子，也讓他們心情愉悅。

真正的幸福來自於分享與互助。我們幫助別人的同時，也在為自己創造更美好的世界。

2008年金融危機期間，美國一名創業律師艾瑞克因為經濟衰退，業務大幅減少，面臨事業低潮。然而，他的善行最終讓他扭轉了困境。

> 贈人玫瑰，手留餘香

艾瑞克原本專門為新創企業提供法律諮詢，特別是剛移居美國的創業者。許多初創企業無力支付高昂的法律費用，但艾瑞克仍然願意為他們提供低成本甚至免費的諮詢。他堅信，只要幫助別人，他們終有一天會回報他的善意。

當經濟危機來襲，艾瑞克的事務所業績大幅下降，他不得不裁員，甚至考慮關閉事務所。就在這時，他收到了一封來自科技新創公司創辦人的信，邀請他擔任公司的首席法律顧問，並提供公司股權作為報酬。這位創辦人正是艾瑞克多年前無償幫助過的一位年輕企業家，如今他的公司已經發展成為市值數十億美元的科技巨頭。艾瑞克不僅擺脫了財務困境，還因為這段合作關係讓他的事業更上一層樓。

善行或許當下看似微不足道，但當善的循環開始運轉，最終受益的往往是自己。

在職場上，善於幫助別人也能為自己帶來更好的發展機會。

潔西是一位市場行銷專家，某天她收到一個新進同事的求助，對方請她指導如何撰寫品牌行銷提案。潔西並沒有拒絕，而是耐心地向這位同事解釋如何分析市場、制定策略，甚至提供了一些自己的工作範本。這位新進同事十分感激，並將潔西的幫助銘記在心。

幾年後，潔西轉職到另一家公司，這時公司正在尋找一

第六章　人際關係—善待他人，成就自己

位能夠勝任品牌行銷總監的人選，而負責招聘的正是當年受過她指導的那位同事。這位同事毫不猶豫地向公司高層推薦潔西，並親自為她爭取了這個重要的機會。最終，潔西成功升遷，成為公司的品牌行銷總監。

這個故事告訴我們，人與人之間的連結往往建立在互相幫助之上。當我們願意付出善意，不僅能夠拉近人際關係，還能為自己的職場生涯鋪設更順遂的道路。

幫助別人並不是一種犧牲，而是一種投資。當我們願意在別人需要時伸出援手，我們也會在關鍵時刻得到來自他人的回報。這不僅適用於人際關係，也適用於職場、社會，甚至國與國之間的互動。

美國哲學家愛默生曾說：「一個人的價值，不在於他擁有多少，而在於他幫助了多少人。」當我們選擇行善，不僅改變了別人的人生，也在無形中塑造了更好的自己。

在未來的日子裡，請試著為別人澆澆水，讓善意生根發芽，開出美好的花朵。你會發現，這個世界因你而變得更加溫暖，而你，也會因為這份善意，收穫最純粹的幸福。

寬容造就幸福

在人生旅途中，我們總會遇到挑戰與對立，甚至與他人產生矛盾。然而，當我們選擇以德報怨，而非以牙還牙，往往能夠化解敵意，為自己開創更寬廣的道路。真正的力量，不在於如何打敗對手，而是在於如何將敵人轉化為朋友，讓世界變得更美好。

有一位富翁，他有三個兒子。在年事已高之際，他希望將財產留給最有資格的繼承者，於是設下了一個考驗。他讓三個兒子分別去旅遊一年，並承諾，誰能做出最有價值的行為，財產就歸誰所有。

一年過後，三個兒子陸續回來，向父親匯報各自的經歷。

大兒子說：「旅途中，我遇到一位商人，他不慎遺失了一大筆金錢，於是我努力尋找他的家人，並將金錢如數奉還。」

二兒子說：「我曾到過一個貧困地區，看到有個小孩溺水，我不顧自身危險，跳入水中將他救起，並資助他的家人。」

三兒子則遲疑了一下，然後說：「在旅途中，我遇到了一個曾經處處與我作對的人，他不只在商場上陷害我，甚至曾

第六章　人際關係－善待他人，成就自己

試圖讓我陷入危險。有一天，我發現他睡在懸崖邊的一棵樹下，當時我只要輕輕一推，他就可能掉下去。但我不僅沒有這麼做，還叫醒了他，提醒他遠離危險。」

富翁聽完後，點頭說：「誠實與勇敢固然可貴，但能夠放下怨恨，選擇寬容，才是最高尚的品德。」最後，他將財產交給了三兒子，因為他認為，擁有寬容之心，才能真正成就幸福與成功。

報復只會讓仇恨延續，而寬容卻能帶來真正的改變。選擇善待他人，最終也將獲得回報。

美國總統林肯以寬容待人著稱。他在任期間，面對許多政治對手的攻擊，卻從未選擇以仇恨回應，而是用誠懇與尊重來化解衝突。

在美國內戰時期，他的一位內閣成員曾多次在公開場合批評他的政策，甚至暗中拉攏其他官員反對他。許多人建議林肯將這位官員撤換，但林肯並沒有這麼做。相反，他選擇讓這位官員繼續擔任要職，並親自與他對話，聆聽他的建議。

結果，這位官員後來成為林肯最忠誠的支持者，甚至在他遭遇政治風暴時，挺身而出為他辯護。林肯的做法不僅避免了不必要的內鬥，還讓他的團隊更加團結，成功推動了關鍵的國家改革。

> 寬容造就幸福

林肯的故事告訴我們，真正的領導力不在於打敗對手，而是在於如何用寬容與智慧團結人心，讓大家共同前進。

美國知名服飾品牌「Patagonia」的創辦人伊馮‧喬伊納德（Yvon Chouinard）曾經遭遇一場商業危機。他的品牌遭到一位前合作夥伴的公開指責，對方聲稱他們的企業文化過於理想化，對市場競爭過於天真，甚至有些天馬行空。

許多企業在遇到類似的批評時，通常會選擇法律途徑反擊或公開澄清，但伊馮並沒有這麼做。他選擇公開感謝這位前合作夥伴，並表示自己會深入思考這些批評的意義。他甚至邀請這位前合作夥伴共同參與環保計畫，希望透過合作，將衝突轉化為正向影響力。

最終，這位曾經的批評者成為了 Patagonia 的合作夥伴之一，並共同推動品牌的可持續發展計畫。這場原本可能導致商業競爭惡化的衝突，反而成為了品牌更進一步的契機。

在商業競爭中，並非所有批評都需要對抗。選擇理解與包容，往往能帶來更好的結果。

一名年輕社工詹姆士在社區工作時，遇到了一名經常製造問題的青少年。他不僅在社區塗鴉，還時常參與幫派活動，甚至在街頭騷擾居民。

大多數人都希望將這名青少年送進感化院，但詹姆士選擇了一種不同的方式。他主動與這名少年對話，了解他的家

第六章　人際關係—善待他人，成就自己

庭背景，並邀請他參與社區改造計畫。起初，這名少年對詹姆士的態度冷漠，甚至故意挑釁他，但詹姆士始終耐心對待，沒有因此放棄。

幾個月後，這名少年開始改變態度，不僅停止破壞行為，還主動協助社區活動。多年後，他成為一名青少年輔導員，專門幫助和他曾經相似的孩子。

這個故事顯示出，以德報怨不僅能改變一個人的人生，也能讓整個社區受益。如果我們選擇放棄敵意，而是以理解和善意對待他人，我們將能夠影響更多人，創造更好的未來。

選擇寬容並不代表軟弱，而是一種真正的力量。當我們以德報怨，我們不僅能化解衝突，還能為自己創造更好的生活環境。無論是在職場、人際關係，還是社會互動中，選擇放下怨恨，將敵人轉變為朋友，往往能讓我們收穫更多的幸福與成功。

曾經的敵人，也許會成為未來的夥伴；曾經的衝突，也許能轉化為成長的契機。當我們願意放下仇恨，選擇善待他人，不僅讓世界變得更美好，也能讓自己的心靈更加自由，人生更加寬廣。

尊重他人，才能贏得尊重

　　尊重是一種雙向的關係，若我們希望被他人尊重，就必須先從自身做起，平等地對待每一個人。不論我們的社會地位、成就或背景如何，唯有尊重別人，才能真正建立良好的人際關係，並獲得他人的尊敬與友誼。

　　尊重他人並不只是禮貌問題，而是對他人的人格、價值觀及選擇表示理解與包容。當我們以平等的心態與人相處，對方會感受到尊重，並回以善意與信任。相反地，若我們自視甚高、盛氣凌人，便容易使對方感到自尊受損，進而產生對立。

　　有一位醫生的故事充分說明了尊重的重要性。這位醫生曾受邀到南美洲某個偏遠部落行醫，該部落因傳染病肆虐而向外界求助。然而，該部落有一個獨特的習俗，所有成員在部落內皆赤身裸體，這使得許多外來人士無法適應，也對此帶有偏見。

　　醫生最初也感到為難，但最終他決定尊重當地文化。他抵達部落時，族人們為了表達對他的尊敬，特意穿上衣服迎接。然而，當醫生走進會場時，所有人都驚訝地發現——醫生選擇遵循當地習俗，脫去了衣物，以與族人相同的方式進入部落。

第六章　人際關係－善待他人，成就自己

　　這個舉動讓族人深受感動，他們理解到醫生是真心誠意地前來幫助，而非帶著歧視與偏見。這不僅建立了雙方的信任，也讓醫生順利展開醫療工作，最終成功控制了傳染病的擴散。

　　當我們願意尊重別人，並站在對方的立場思考問題時，往往能夠拉近彼此的距離，建立深厚的關係。

　　美國第 16 任總統亞伯拉罕·林肯年輕時曾經喜歡在公開場合諷刺他人，甚至在報紙上發表匿名文章批評政治對手。然而，西元 1842 年，他因為一封匿名批評信而惹上了麻煩，對方得知後，直接向林肯下戰帖，要求與他決鬥。

　　林肯雖然不喜歡決鬥，但當時的社會風氣讓他無法拒絕。他選擇了騎兵腰刀作為決鬥武器，甚至請了專家學習劍術。然而，在決鬥前夕，林肯意識到自己行為的錯誤，並願意誠心道歉，這場決鬥才得以化解。

　　這次事件讓林肯深刻反省，從此改變了與人交往的態度。他不再隨意嘲弄別人，而是學會尊重對手，即使在南北戰爭期間，他也從不輕易批評敵軍。他曾說：「不要批評別人，這樣別人才不會批評你。」這種尊重對手的態度，最終使他在國家危機中團結了民眾，成為美國歷史上最受尊敬的總統之一。

　　林肯的故事告訴我們，真正的領袖並非靠貶低對手來獲

> 尊重他人,才能贏得尊重

勝,而是透過尊重與包容來凝聚人心。當我們選擇尊重他人時,也會在無形中為自己贏得尊重。

尊重他人不僅僅是出於禮貌,更是一種待人處世的基本原則。我們都希望被人善待,而當我們選擇先對別人表達尊重時,往往能夠影響他人的行為,讓社會氛圍變得更加和諧。

英國著名劇作家蕭伯納(George Bernard Shaw)曾經訪問蘇聯,在莫斯科街頭遇見一名活潑可愛的小女孩,於是他與她玩了一會兒。臨別時,蕭伯納微笑著對小女孩說:「回去告訴妳的媽媽,今天和妳玩的是世界知名的蕭伯納。」

沒想到,小女孩毫不示弱地回應:「回去告訴你的媽媽,今天和你玩的是蘇聯小女孩安妮娜。」

這句話讓蕭伯納愣了一下,隨後大笑,並深受啟發。他事後感嘆:「不論一個人擁有多大的成就,對任何人都應該平等相待,要永遠謙虛,這是蘇聯小女孩給我的教訓,我一輩子都不會忘記。」

這個故事說明,無論我們身處何種社會地位,都應該尊重每一個人。我們的價值不取決於身份或名聲,而是來自於我們對待他人的態度。

尊重他人,是一種基本的待人處世之道。無論是在職場、學校、家庭或社交場合,當我們選擇以平等、包容和真

第六章 人際關係—善待他人，成就自己

誠的態度對待他人時，往往也會得到相對應的尊重與回饋。

「你敬我一尺，我敬你一丈。」這句話道出了人際關係的核心。當我們學會尊重不同的意見、文化與價值觀，我們便能在人際交往中建立信任與友誼，最終獲得真正的尊敬。

換句話說，尊重別人，就是在為自己創造更好的人生環境。如果我們希望得到別人的認同，就應該從自身做起，學會尊重每一個人，因為這正是通往幸福與成功的關鍵。

設身處地，真正理解他人

人際關係的核心，在於理解與尊重，而換位思考則是建立這種關係的基礎。當我們能夠站在對方的角度看問題，就能更清楚地理解他人的需求、感受與困境，從而促進人際互動，甚至化解衝突，達成雙贏的局面。

換位思考是一種同理心的展現，能夠幫助我們減少誤解與摩擦。當我們願意放下自己的主觀立場，試著站在對方的處境思考，就會發現許多原本看似理所當然的事情，其實對別人而言可能並不公平，也未必合理。

全球知名的企業家伊隆．馬斯克（Elon Musk）是換位思考的實踐者之一。他的成功不僅來自於卓越的創新能力，還因為他能夠站在消費者、員工與投資人的立場思考問題，進而制定出符合市場需求的策略。

一次，馬斯克的公司在研發電動車的過程中，因電池續航力問題導致市場反應不佳。工程團隊建議提高價格，以支應更高的生產成本，但馬斯克卻選擇站在消費者的立場，決定暫時降低利潤，優先解決技術問題，並提供更好的售後服務。這項決策不僅挽回了市場信心，也讓品牌贏得了更多忠實顧客，成為特斯拉今日成功的關鍵。

馬斯克的成功顯示，當一位領導者能夠理解不同群體的

第六章 人際關係─善待他人，成就自己

需求，並站在對方的角度思考時，就能夠制定出更具前瞻性的策略，從而提升企業競爭力。

曾任某國知名學府校長的羅斯，在學術界享有極高的聲譽。然而，他的領導風格卻因缺乏對他人的理解與尊重，而導致嚴重的管理問題。

在一次公開演講中，羅斯表示：「女性在科學領域的發展受限，主要是因為天生條件與男性不同。」這番言論一出，立刻引發學界的激烈反彈，許多教授與學生認為這是一種性別歧視，並要求他公開道歉。然而，羅斯不僅拒絕認錯，還進一步強調：「這只是基於統計數據的客觀分析。」最終，在學校內部壓力下，他不得不請辭。

在任何領導或人際互動中，若忽略了對他人的尊重與理解，極有可能引發不必要的衝突，甚至影響自身的職業發展。

在人際交往中，懂得為別人留面子，是一種高情商的表現，也是一種換位思考的能力。

在日本東京的一家公司裡，新進員工佐藤參加了一場與執行長的會議。會議進行到一半，執行長不小心將員工名單上的名字唸錯了，結果該員工立刻糾正：「社長，我的名字應該念作山田翔太，不是山田翔田。」這番話讓執行長一時語塞，氣氛瞬間變得緊張。

> 設身處地，真正理解他人

　　就在此時，佐藤靈機一動，微笑著說：「社長，這可能是我的錯！這份名單是我整理的，可能因為字體太小，讓您誤讀了。」執行長聽後，露出笑容說：「原來如此，下次幫我選大一點的字體吧！」會議氣氛頓時緩和，而佐藤也因此在公司內部留下了良好的印象。

　　這個故事告訴我們，懂得為他人留面子，不僅能夠避免不必要的尷尬，也能夠為自己爭取更多的機會。相反，若一味揭人短處，則可能無意間得罪對方，甚至影響自己未來的發展。

　　換位思考，是建立良好人際關係的關鍵。不論是在職場、家庭或社交場合，當我們願意站在對方的角度思考，理解對方的需求與處境，就能做出最適當的反應，避免衝突，甚至獲得意想不到的回報。

　　「設身處地為別人著想，別人也會為你鋪平前行的道路。」當我們學會換位思考，人生將會變得更加順遂，也能贏得更多的理解與尊重。

第六章　人際關係－善待他人，成就自己

別計較小事

人生充滿各種挑戰，每個人都無法避免遇到不順心的事。倘若我們為了一些微不足道的小事而計較，那麼生活將陷入無止境的煩憂之中。最明智的做法是學會放下，千萬別讓瑣事影響自己的心境。

許多人會因為細枝末節而生氣。有的人會暴跳如雷，有的人則悶悶不樂，還有人表現得令人哭笑不得。然而，無論是哪一種情緒反應，生氣的結果往往對自己與周圍的人都不利。過度計較會讓人陷入長期的不快，影響人際關係，甚至損害身心健康。

一名心理學家曾在一場演講中做了一個簡單卻深刻的實驗。他拿起一杯水，問聽眾：「這杯水有多重？」大家紛紛猜測數字。心理學家笑著說：「其實這杯水的重量不是關鍵，關鍵是你拿著它的時間長短。如果只拿幾分鐘，毫不費力；但如果拿上幾個小時，手臂便會酸痛無比。如果一整天都不放下，甚至可能造成永久傷害。其實，我們的煩惱也是如此，放得越久，負擔越重。」

許多時候，我們的生氣和計較，並不是事情本身有多嚴重，而是我們自己不肯放下，最後折磨的反而是自己。

> 別計較小事

　　一名餐廳老闆馬克分享了一個令人動容的故事。他的餐廳當時面臨疫情衝擊，經營狀況十分艱難。有一天，一名顧客因為餐點出餐較慢，情緒激動地對服務生發火，甚至留下負面評論，影響餐廳的評價。當這位顧客準備離開時，馬克主動上前，非但沒有爭執，反而和顏悅色地向對方解釋餐廳人手不足的現況，並表示理解顧客的心情。

　　讓人意想不到的是，這位顧客聽完後深感愧疚，隨後在網路上更新評論，向餐廳道歉，還自掏腰包訂了一頓外帶餐點，作為對員工辛勞的補償。馬克後來回憶：「如果當時我選擇爭論，結果只會讓雙方都不開心；但因為我選擇理解，反而得到了一位忠實顧客。」

　　有時候，當我們願意站在對方的角度看事情，選擇以寬容的心態去對待問題，就能讓原本的衝突變成溫暖的連結。

　　一名善心商人布萊恩在街上遇見一名無家可歸的男子。他注意到這位男子在翻找垃圾桶，於是主動上前，請對方到餐廳吃頓熱騰騰的午餐。

　　餐桌上，這名男子起初顯得不安，後來才慢慢打開話匣子，分享了自己失業後的辛酸經歷。布萊恩不僅耐心傾聽，還鼓勵他重新振作，並提供一份簡單的工作機會。幾個月後，這名男子真的重新站穩腳步，找到了一份穩定的工作，並寫信向布萊恩表達感激。

第六章　人際關係—善待他人，成就自己

布萊恩後來說：「當時，我只是請他吃一頓飯，但最終我得到的是一份深厚的友情。世上最寶貴的並不是金錢，而是真誠的人情味。」

這個故事提醒我們，許多時候，我們在意的得失不過是短暫的，但人與人之間的情感交流卻能帶來長久的溫暖。學會放下小事，才能擁有更開闊的心胸，迎接更美好的人生。

計較小事不僅讓人煩憂，也會讓自己錯失許多珍貴的機會。與其在瑣碎的事情上糾纏，不如學會放下，將心力放在真正重要的事情上。當我們懂得選擇寬容，人生將變得更加輕鬆，也能擁有更多幸福的時刻。

第七章
友誼的真諦 ——
放下刻薄，溫暖待人

　　想要被愛，就要先去愛；想要被尊重，就要先尊重別人。

　　　　　—— 列夫・托爾斯泰（Leo Tolstoy）

第七章　友誼的真諦—放下刻薄，溫暖待人

微笑的正能量

笑不僅是一種情感的表達，更是一種對生活的正面態度。無論貧富貴賤，微笑都是人際交流中最真誠的語言，它能讓人際關係更加融洽，甚至影響我們的命運。

有一位報社的發行總監，在名片上印了一句話：「你微笑，世界也微笑！」這張名片讓他在社交場合廣受好評，為他的事業帶來了莫大的助力。然而，他並非一開始就懂得微笑的力量。在創業初期，他總是繃著一張臉，不苟言笑，導致企業內部氛圍低落，最終導致經營危機，核心技術人員紛紛離去。他的企業因此面臨破產，這讓他痛定思痛，開始反思自己的人際互動方式。他意識到，微笑不僅能夠帶來溫暖，也能改變人與人之間的關係。

在他轉行進入報社擔任發行工作後，他決定以微笑作為自己的代表，透過真誠的笑容建立人脈。在短短八個月內，他的業務業績驚人地成長，最終獲得晉升。這個故事告訴我們，微笑不僅能讓我們的心境更加開朗，還能為我們的人生帶來更多機會。微笑是一種無聲的語言，它不帶任何目的，純粹是一種友善的表現，而這種表現最終會帶來正向的回報。

> 微笑的正能量

在面對不公平對待或誤解時，我們可以選擇用微笑來應對，而不是暴怒或爭執。阿爾伯特・愛因斯坦曾面對百位學者的質疑，但他僅僅以一個淡淡的微笑回應：「如果我的理論真的錯了，只需要一位學者證明即可，何須一百位？」這種豁達的態度不僅彰顯了他的自信，也讓那些試圖抨擊他的人無從發揮。

微笑不僅是人際關係中的潤滑劑，還是智慧的象徵。當我們選擇以微笑面對挑戰時，這種正面的態度能夠感染他人，讓我們的生活變得更加美好。

要想獲得快樂和幸福，最好的方式就是學會分享。真正的快樂不在於獨占，而在於與他人共享。有一個電器公司曾經舉辦過一場有獎徵答，題目是：「從這裡到倫敦怎麼去才最好玩？」最終，一名小學生獲得了第一名，他的答案是：「跟好朋友一起去最好玩。」這個答案之所以勝出，是因為它道出了快樂的真諦——分享勝過獨享。

瑞典著名化學家阿佛烈・諾貝爾（Alfred Nobel），從小學時期就展現了他的無私精神。他在學校總是名列第二，第一名則是他的同學柏濟。有一次，柏濟因病缺席了一整學期，許多人認為諾貝爾終於有機會拿下第一名了。然而，諾貝爾卻主動將自己的筆記寄給柏濟，幫助他追上課業。結果，柏濟依舊獲得第一名，而諾貝爾仍然是第二名。這種樂於分享

第七章　友誼的真諦—放下刻薄，溫暖待人

的精神，最終也體現在他日後的成就上。他將所有財產捐出，創立了諾貝爾獎，讓世界上無數優秀的科學家、文學家和和平工作者受到表彰。他的成功並不僅僅來自於聰明才智，更重要的是他對於分享的堅持。

分享並不只是施予，更是一種互惠。曾經有兩位飢餓的旅人，一人獲得了一簍魚，另一人獲得了一根魚竿。一個人選擇原地吃光魚，最終因為沒有食物而餓死；另一個人則選擇拿著魚竿尋找海洋，卻因為體力不支，在到達目的地前餓死了。而另一對旅人則選擇共同合作，他們輪流吃魚，直到找到海洋，最終過上了豐衣足食的生活。

這個故事告訴我們，獨享並不會帶來長久的幸福，唯有懂得合作與分享，才能真正讓自己和他人都獲得更美好的未來。微軟創辦人比爾蓋茲曾說：「分享是一種生存之道。」在現今這個強調合作的時代，沒有人能夠單打獨鬥，只有在互助與分享中，我們才能找到自己的價值。

分享是一種寬廣的胸懷，它能讓我們的人生道路更加開闊。當我們願意將自己的幸福與他人共享時，快樂就會加倍流動。佛經中說：「未學佛法，先結人緣。」這句話說明了人際關係的重要性。結緣越多，回報也會越大。我們在日常生活中可以透過簡單的行為來實踐分享，比如給人一個微笑、一句鼓勵的話語、一個誠摯的關懷，這些看似微小的舉動，

> 微笑的正能量

卻能帶來意想不到的幸福。

曾經有一個冬天,兩位商人為了躲避寒冷而共處一室,一人販賣包子,另一人販賣棉被。他們都需要對方的物品,但因為自尊心作祟,誰也不願先開口,結果最後一人被餓死,另一人被凍死。如果能夠早一點放下自私與成見,願意互相幫助,結果將會完全不同。

在這個世界上,沒有人可以孤立地存在,個人的幸福與整體的幸福密不可分。當我們願意與他人分享快樂時,不僅能讓別人感受到溫暖,也能讓自己的內心變得更為豐盈。微笑與分享是人際關係中最重要的元素,懂得運用它們的人,將會在人生的道路上走得更加順遂,也能收穫更多的幸福。

友誼的真諦在於互相扶持,微笑是傳遞善意的橋樑,而分享則是建立深厚關係的基礎。當我們選擇以開放的心態面對世界,選擇與人分享自己的快樂與幸福時,這個世界將回報我們以更多的愛與溫暖。

第七章　友誼的真諦—放下刻薄，溫暖待人

真摯的友誼是放下嫉妒

　　嫉妒是一種最奇特的情緒，它不僅普遍存在，卻也常常被人們掩飾。人們很少公開承認自己的嫉妒，卻又常常無法控制它。這種情緒猶如暗火，炙烤著心靈，讓人陷入痛苦之中。法國作家歐諾黑·德·巴爾扎克（Honoré de Balzac）曾說：「嫉妒者所受的痛苦比任何人更深，他人的幸福與自己的不幸都讓他備受折磨。」這句話生動地描繪了嫉妒帶來的心理折磨，也提醒我們，嫉妒最終只會損害自己。

　　美國一所知名大學曾發生一起震驚校園的事件，兩名原本關係要好的研究生因為嫉妒，最終走上法律對峙的道路。

　　瑪莉與艾莉從大學時期便是室友，兩人關係親密，一起參加活動、共同準備考試，甚至在研究所時期選擇了同一個指導教授。她們的學術表現不相上下，因此彼此間既是競爭對手，也是最好的朋友。然而，在最後一年，瑪莉憑藉一篇出色的論文獲得全額獎學金，並成功申請到一所頂尖國際學府深造。

　　起初，艾莉表現得很開心，但內心卻充滿失落與嫉妒。她無法接受瑪莉獲得了這個難得的機會，而自己卻只能繼續留在原校攻讀碩士。隨著時間過去，她的嫉妒心理逐漸轉變為不滿，最終開始產生報復的念頭。

> 真摯的友誼是放下嫉妒

在瑪莉等待錄取通知的期間，艾莉偷偷進入她的房間，利用瑪莉的電腦帳號發送了一封電子郵件給錄取學校，表示放棄獎學金與錄取資格。由於這封郵件的語氣與風格與本人無異，學校便取消了瑪莉的名額。當瑪莉遲遲未收到正式通知時，她感到十分焦急，於是聯絡了該校詢問狀況，這才發現自己被「自願放棄」。經過多方查證，發現是艾莉的惡意行為。

這起事件不僅讓瑪莉失去了留學機會，也讓艾莉的學術生涯毀於一旦。學校在調查後對艾莉進行處分，並將她的行為列入學術不端紀錄，影響了她未來的職業發展。原本的友誼因嫉妒而破裂，最終兩人都付出了沉重的代價。

在企業界，嫉妒也是導致人際關係破裂的關鍵因素。

彼得與喬治同為一間科技公司的產品經理，他們同時加入公司，業務能力相當，甚至連升遷的機會都不相上下。起初，兩人關係良好，時常合作完成專案，並共同獲得主管的讚賞。然而，當公司開始考慮晉升一位資深經理時，競爭變得激烈，兩人的友誼也開始產生裂痕。

公司最終決定將升遷機會給彼得，因為他提出的市場策略成功提升了產品銷量。這讓喬治深感不滿，認為彼得只是運氣好，甚至開始懷疑公司對自己的評價不公。嫉妒的心理讓他無法專心工作，逐漸對彼得產生敵意。

第七章　友誼的真諦—放下刻薄，溫暖待人

後來，喬治開始散布關於彼得的不實謠言，試圖影響公司對他的信任。他暗中向其他同事透露彼得的某些決策存在風險，甚至誇大事實，讓其他人對彼得的能力產生質疑。然而，這些行為最終被公司高層發現，喬治不但沒有得到升遷，還因為影響團隊合作而遭到降職處分。

如果喬治能夠換個角度，將嫉妒轉化為學習的動力，努力提升自己的專業能力，他或許有機會在未來獲得更好的發展。

英國哲學家伯特蘭・羅素（Bertrand Russell）曾說：「人的幸福來自內在，而不是來自與他人的比較。」事實上，嫉妒往往源於對自己的不滿，當一個人過度關注別人的成功時，便會忽略自己成長的可能性。與其在心中計較他人的優勢，不如將這股能量轉化為激勵自己前進的動力。

在人生的道路上，每個人都有自己的節奏和機會，不需要用別人的成功來衡量自己的價值。嫉妒不會讓我們變得更好，只會讓我們陷入無謂的痛苦與競爭之中。

當我們看到別人成功時，應該試著理解他們努力的過程，而非一味認為對方只是運氣好或擁有特殊優勢。當我們能夠真心為別人的成就感到高興，而不是產生敵意時，便能真正獲得內在的平靜與快樂。

> 真摯的友誼是放下嫉妒

　　許多世界級企業的創辦人,如微軟的比爾蓋茲與蘋果的賈伯斯,儘管是競爭對手,卻仍然保持對彼此的尊重。他們深知,真正的成功來自於不斷超越自己,而不是試圖打擊對方。

　　唯有放下嫉妒,才能擁抱真正的友誼與成就,讓自己的人生更加光明與快樂。

第七章　友誼的真諦—放下刻薄，溫暖待人

是對手，也是朋友

　　任何人在成長與職場中，總會遇到競爭者。有人將競爭視為壓力，甚至將對手視為敵人，然而真正有遠見的人，會把競爭者當成促使自己成長的夥伴。哈佛心理學教授曾指出，對待競爭者最有效的方式不是試圖打擊對方，而是以友善與合作的態度站在他們身邊，讓競爭變成雙方成長的動力，甚至促成雙贏的局面。

　　歷史上有許多領袖人物，懂得將對手轉變為合作夥伴，這不僅體現了他們的格局，也為他們帶來更大的成功。美國第 16 任總統林肯便是一個典範，他以寬容和智慧化解了許多政治上的對立，使他的對手成為盟友，共同推動國家的發展。

　　林肯出身於鞋匠家庭，在當時的美國社會，出身影響著一個人的政治前途。在他參加參議院競選時，一位參議員故意在大庭廣眾之下羞辱他：「林肯先生，在你開始演講之前，我希望你記住，你是一個鞋匠的兒子。」這句話的用意很明顯，是為了打擊林肯的自尊心，讓他知難而退。

　　然而，林肯沒有被激怒，他微笑著回應：「非常感謝你讓我想起我的父親，他已經過世了。但我會永遠記住你的忠告，我知道我做總統無法像我父親那樣，他是一位很好的鞋匠。」

> 是對手，也是朋友

　　此話一出，全場頓時安靜了下來。接著，林肯轉向這位參議員說：「據我所知，我父親曾為你的家人做過鞋子，如果你覺得鞋子不合腳，我可以幫你修正它。雖然我不是一個偉大的鞋匠，但我從小就跟著父親學習，也懂得一些技術。」

　　說完，他又看向在場的所有參議員：「假如你們腳上的那雙鞋是我父親做的，而它們需要修理，我一定會幫忙。但是，有一件事是確定的，我無法像我父親那樣偉大，因為他的手藝是無人能及的。」這番話不僅讓林肯化解了對方的攻擊，甚至獲得了全場的掌聲。

　　這種以智慧與謙遜回應對手的方式，讓林肯贏得了尊重。他沒有與對手爭辯，而是將對手的攻擊轉化為表達自身價值的機會，最終讓對方無話可說。這種做法不僅提升了他的形象，也讓許多原本反對他的人開始重新評估他的能力。

　　在政治舞臺上，許多競爭對手之間存在激烈的對抗，但真正的領袖往往能夠在競爭結束後，拋開成見，攜手合作。2008 年美國總統選舉，當共和黨候選人約翰·麥肯（John McCain）敗選後，他展現了超然的風度，公開承認敗選，並向當選的巴拉克·歐巴馬（Barack Obama）表示祝賀。

　　麥肯在演講中說：「美國人民做出了選擇，歐巴馬當選是一件了不起的事情，這不僅是他的勝利，也是美國人民的勝利。」他呼籲所有美國人拋開政見分歧，共同支持新當選的

第七章　友誼的真諦—放下刻薄，溫暖待人

總統，因為美國將面臨許多挑戰，需要全民團結合作。這種態度讓他贏得了無數人的敬佩，也為未來兩黨的合作奠定了基礎。

這場競選雖然結束，但麥肯與歐巴馬並沒有成為政敵，他們在未來仍然有機會合作，共同為國家做出貢獻。這種「競爭不等於敵對」的態度，正是領袖風範的展現。

在商業世界中，也有許多企業領導者懂得將對手變成合作夥伴，而非死敵。

1997年，蘋果公司正面臨財務危機，瀕臨破產邊緣。當時，蘋果與微軟是市場上的競爭對手，兩家公司在作業系統與軟體市場上爭奪激烈。然而，出人意料的是，微軟創辦人比爾蓋茲決定向蘋果投資1.5億美元，幫助這家競爭對手度過危機。

這筆資金讓蘋果得以重組業務，最終推出了一系列創新產品，重新站穩市場。而微軟的這項決策，不僅讓蘋果成為長期的合作夥伴，也促使微軟的Office軟體成功進入蘋果的作業系統，為雙方創造了更多商業價值。

這起事件顯示出，競爭並不總是「你輸我贏」的零和賽局，有時候，雙方的合作反而能夠帶來更大的市場機會。比爾蓋茲的決策並非基於單純的慈善，而是看到了長期的戰略價值，最終幫助微軟和蘋果實現雙贏。

> 是對手，也是朋友

　　如果我們能夠轉換心態，將競爭者視為學習對象，而不是敵人，那麼我們將能夠從競爭中成長，而不是被競爭拖垮。

　　當我們看到對手比自己優秀時，與其產生嫉妒心理，不如思考他們成功的原因，學習他們的策略與優點，讓自己也能夠成長。真正的強者，不是擊敗所有對手，而是透過競爭讓自己變得更強大。

　　在這個世界上，沒有人能夠單打獨鬥。無論是在職場、學術、政治或商業領域，競爭永遠存在，但競爭不代表仇恨，對手也可以是我們的學習對象，甚至成為我們的朋友。

　　當我們能夠以開放的心態面對競爭，不僅能夠提升自己，也能夠與他人建立更良性的關係。真正的成功，來自於能夠與競爭對手互相成就，而不是彼此消耗。唯有放下敵意，學會欣賞與合作，才能讓我們在人生的道路上走得更遠。

第七章　友誼的真諦―放下刻薄，溫暖待人

雪中送炭比錦上添花更可貴

在生活中，許多人樂於助人，卻往往選擇在對方已經不需要幫助時才伸出援手，使之成為錦上添花。哈佛心理學教授曾指出，錦上添花固然令人欣喜，但真正能夠改變一個人命運的，往往是雪中送炭。在對方最困難的時刻，即使是微小的幫助，也可能對他人帶來莫大的影響，甚至成為決定性的一步。

人心中都有需求，有時是渴望成就感，有時則是迫切需要生存資源。當一個人在絕境時獲得幫助，往往會對這份恩情銘記於心，甚至終生難忘。因此，在適當的時機給予真正的幫助，比單純提供資源更能觸動人心。

在商業世界中，也有許多關於雪中送炭的故事。美國企業家霍華・舒茲（Howard Schultz）在建立星巴克（Starbucks）時，曾經歷過一場嚴峻的財務危機。當時，他的公司資金短缺，許多投資人都不願意再注資，認為這家咖啡公司不具競爭優勢。然而，一位過去曾受過舒茲幫助的商業夥伴決定投資他，這筆資金讓星巴克度過難關，最終成長為全球最大的咖啡連鎖品牌之一。

這名投資人後來接受訪問時說：「如果我等到星巴克成功後才投資，那只是普通的商業決策。但當時他最需要幫助，

> 雪中送炭比錦上添花更可貴

而我有能力幫助他,這才是最重要的。」這段雪中送炭的恩情,讓舒茲在未來的企業經營中,也持續秉持回饋社會的精神,支持許多創業者。

在政治歷史上,雪中送炭的例子比比皆是,尤其在關鍵時刻的支持,往往能夠改變國家的命運。

二戰期間,英國首相溫斯頓・邱吉爾(Winston Churchill)面臨德國猛烈的攻勢,英國國內資源緊張,美國政府則在是否介入戰爭的議題上舉棋不定。就在此時,美國總統富蘭克林・德拉諾・羅斯福(Franklin D. Roosevelt)祕密批准「租借法案」,允許英國在無需立即付款的情況下獲取軍事與經濟援助。這筆援助幫助英國渡過最困難的時期,維持了抗戰能力,最終改變了二戰的局勢。

邱吉爾後來回憶:「如果當時沒有美國的援助,英國可能無法堅持到最終的勝利。」這場雪中送炭的援助,不僅讓英國挺過戰爭,也奠定了二戰後美英之間的盟友關係,影響深遠。

人與人之間的關係,往往在患難中見真情。當別人已經成功時,給予祝賀與支持固然值得肯定,但真正能夠改變一個人命運的,卻是在他們最困難時提供實際的幫助。

想像一個人在嚴寒中凍得瑟瑟發抖,如果這時候有人遞上一條溫暖的毛毯,那份感激與情誼將遠比豪華宴席來得深

第七章　友誼的真諦—放下刻薄，溫暖待人

刻。幫助人不在於施捨多少，而在於是否真的滿足了對方的需求。

在現實生活中，我們或許無法左右別人的命運，但我們可以選擇在適當的時刻提供適當的幫助。

當朋友正為工作煩惱時，適時地提供一份推薦；當同事遇到瓶頸時，耐心地給予建議；當家人遇到困難時，主動給予支持……這些看似微不足道的舉動，往往能夠帶來深遠的影響。

錦上添花固然美好，但雪中送炭才是真正的溫暖。在我們有能力時，不妨學習那些偉大的例子，成為別人生命中的一份希望與力量。

優秀人士值得結交

　　一個人的成功、快樂和價值展現，往往與身邊的朋友有密切關聯。結交更多優秀人士，不僅能夠拓展視野，還能讓自己在成長過程中不斷進步。正如古語所言：「三人行，必有我師。」周圍的朋友若是樂觀向上，這種氛圍也會影響自己。然而，若長期與消極、沒有目標的人為伍，自己的思想與行為也可能受到影響。

　　交友不在於數量，而在於品質。與其擁有一群只會奉承討好的朋友，不如結識幾位真正能夠給予建議、啟發與幫助的良師益友。成功人士普遍懂得這個道理，因此他們總是樂於與比自己更優秀的人往來，學習對方的優勢，從而讓自己也能逐步提升。

　　在企業界，許多成功人士的崛起，都與他們結識的貴人有關。

　　微軟的成功，除了來自比爾蓋茲的技術與遠見外，也與他善於結交優秀人士有關。在創業初期，微軟還是一家規模不大的軟體公司，當時個人電腦市場尚未成熟，許多企業並不重視這一領域。然而，蓋茲的母親瑪麗‧蓋茲（Mary Gates）在商界擁有豐富的人脈，她在全國聯合勸募總部（United Way of America）擔任執行委員會成員，與IBM當時

第七章　友誼的真諦―放下刻薄，溫暖待人

的董事長約翰・歐普（John Opel）相識。

透過這層關係，瑪麗向歐普推薦了她的兒子與微軟的軟體技術。歐普對此產生興趣，進一步安排 IBM 的高層與比爾蓋茲洽談，這才促成了 IBM 與微軟的合作。IBM 最終選擇微軟的作業系統 MS-DOS 作為其個人電腦的核心軟體，這筆合約讓微軟得以快速崛起，並奠定了成為全球最大軟體公司的基礎。

這件事充分展現了人脈的重要性。比爾蓋茲不僅透過母親的引薦抓住機會，更憑藉自身的專業能力與 IBM 達成合作，使微軟從無名新創公司變成世界級企業。這也證明，與業界領袖建立良好關係，能夠加速事業發展，甚至改變整個產業格局。

在歷史上，許多成功人士都深諳結交優秀朋友的道理。投資大師華倫・巴菲特（Warren Buffett）便是如此，他在商業界與許多頂尖企業家建立深厚關係，這些人脈不僅幫助他獲得關鍵資訊，也讓他在投資決策時擁有更多參考依據。

其中，比爾蓋茲與巴菲特的友誼更是經典例子。兩人首次見面時，巴菲特對科技產業並不熟悉，而蓋茲則對投資市場了解不多，但他們在交流後發現彼此的思考方式極具啟發性，最終成為互相學習的好朋友。巴菲特曾多次在公開場合稱讚蓋茲的商業戰略，而蓋茲則視巴菲特為人生導師，學習

> 優秀人士值得結交

他的投資理念與財務管理方式。

這段關係不僅讓兩人各自的事業更加成功,也促成了後來的慈善合作。巴菲特決定將大部分財富捐贈給比爾蓋茲與梅琳達·蓋茲(Melinda Gates)創立的蓋茲基金會(Gates Foundation),共同推動全球公共衛生與教育發展。這樣的友誼,超越了個人利益,成為影響全球的合作夥伴關係。

在法國歷史上,拿破崙·波拿巴(Napoleon Bonaparte)是個極具戰略眼光的領袖,而他的成功離不開與優秀將領的合作。拿破崙善於發掘並重用人才,他的軍隊中有許多優秀的將領,如安德烈·馬塞納(André Masséna)與路易·尼古拉·達武(Louis-Nicolas Davout),正是這些精銳人才,讓拿破崙在戰場上屢創佳績。

拿破崙曾說:「我需要的不只是士兵,而是有戰略思維的夥伴。」他深知單打獨鬥無法取得長久的勝利,因此總是努力吸引最頂尖的軍事人才加入他的陣營。這樣的策略不僅讓法軍在歐洲戰場上取得多次勝利,也讓拿破崙成為法國歷史上最具影響力的軍事領袖之一。

結交優秀人士不僅能夠提升自己,還能帶來更多機遇。然而,選擇朋友時必須經過深思熟慮,不應只尋求對自己有利的人脈,而是要確保彼此能夠互相學習、共同成長。

有些人習慣與比自己弱的人為伍,以獲得優越感,但這

第七章　友誼的真諦—放下刻薄，溫暖待人

樣的友誼無法帶來真正的成長。相反地，與比自己優秀的人為友，雖然可能會感到壓力，但這種挑戰正是促使個人成長的關鍵動力。

人生的旅途中，朋友的選擇將深遠影響我們的發展方向。那些懂得結交優秀人士、善於學習與合作的人，往往能夠在各個領域取得成功。正如英國作家山繆・詹森（Samuel Johnson）所說：「你的朋友，決定了你的高度。」

因此，我們應該主動尋找並珍惜那些能夠啟發自己、幫助自己成長的朋友，讓自己的未來更加光明與成功。

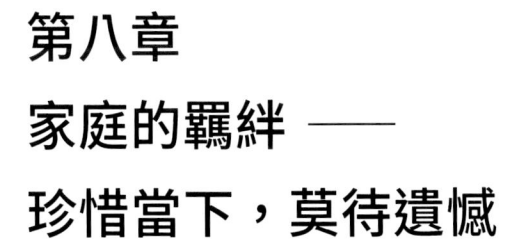

第八章
家庭的羈絆 ——
珍惜當下，莫待遺憾

樹欲靜而風不止，子欲養而親不待。

——《韓詩外傳》

第八章　家庭的羈絆—珍惜當下，莫待遺憾

回家的意義

「子欲養而親不待」是人世間最深的遺憾之一。我們總以為來日方長，卻忘了時光不等人。當我們忙於追逐事業與夢想時，是否忽略了家裡等待我們的親人？父母不求榮華富貴，也不需要子女送上昂貴的禮物，他們最渴望的，不過是兒女的陪伴與關心。

曾經有一則新聞報導令人惋惜：一位八旬老太太因長期獨居，年節時因為照顧她的看護要回家過年，她擔心自己孤獨無依，最終選擇了輕生。報導指出，老人的物質條件並不差，但缺乏的，是子女的陪伴與親情的溫暖。這讓人不禁思索，忙碌的現代社會，是否讓我們與家人的距離變得越來越遠？

許多人總認為，等自己事業穩定後，再給父母更好的生活。然而，歲月從不等待，有些事情，我們等得起，但年邁的父母等不起。

一位青年在大學畢業後，懷抱著改變人生的夢想，發誓將來一定要讓母親過上好日子。然而，他的工作起薪不高，於是決定等薪水高一點再接母親同住；後來換了更好的工作，但又覺得沒有自己的房子，生活還不夠穩定，於是再次推遲接母親的計畫。一次次的等待，直到某一天，他接到了村裡

> 回家的意義

的來電──母親因病去世了。當他趕回家時，母親已經靜靜地躺在床上，他再也沒有機會帶她離開老家，與她共享美好的生活。

這是一個真實而令人心碎的故事。青年原本懷有孝心，但卻因一再拖延，最終換來無法彌補的遺憾。我們是否也曾有過類似的想法？等有了房子、有了足夠的存款，等一切準備好後再好好孝順父母⋯⋯但時間不會停下來，等我們準備好的那一天，也許父母已經不在了。

有一名企業主管，在大學畢業後被分派到離家 100 公里的城市工作。起初，他每個月都會回家看母親，每次母親都會對他說：「孩子，你的車票挺好看的，送給我吧！」他總是笑著把車票交給母親。後來，他因為工作忙碌，回家的頻率變成兩個月一次，接著變成半年一次，直到有了專車，他便更少回家。母親似乎也習慣了這樣的變化，不再向他索取車票。

十年後，他已經是公司的高階主管，某天深夜，他接到弟弟的電話，母親因腦溢血病危。他急忙趕回家，但見到母親的時候，她已衰老而憔悴，沒能撐過天亮。整理遺物時，他在母親的樟木箱裡找到一本國中課本，翻開後，裡面整齊地夾著一疊車票──那些他曾經送給母親的票根。他瞬間淚如雨下，懊悔自己為何沒有多回家幾次。

153

第八章　家庭的羈絆─珍惜當下，莫待遺憾

　　這一疊車票，不僅是母親對兒子的思念，也是她對親情最深沉的珍藏。它提醒著我們，父母對兒女的牽掛，從未因時間而減少。我們總以為，來日方長，但其實，回家的路，能走幾次就少一次，見父母的機會，也不會無限次地存在。

　　比爾蓋茲不僅是全球知名的企業家，也是孝順父母的典範。他曾說過：「世界上最不能等待的事情是孝順。」雖然他的事業繁忙，但他始終與父母保持緊密聯繫。在母親生病時，他暫停許多重要會議，只為了陪伴她度過最後的時光。即便後來成為世界首富，他仍然強調，成功不是財富的累積，而是與家人共享的時光。

　　這句話值得所有人深思。我們是否總是以「工作忙」為藉口，忽略了父母的期待？是否把物質回報看得比精神陪伴更重要？其實，父母最需要的，從來不是金錢，而是孩子的關懷與陪伴。

　　在快節奏的社會裡，我們時常被生活壓得喘不過氣，或許無法時時刻刻陪伴父母，但我們可以做的，是在有限的時間裡，多一些關心與陪伴。

　　回家的意義，不僅是探望，而是讓父母知道，他們並不孤單；不僅是履行孝道，而是讓我們自己不留下遺憾。就像那句話說的：「當你覺得為時已晚時，往往已經來不及了。」

　　子欲養而親不待，是無法彌補的遺憾。如果你仍然擁有

> 回家的意義

父母的愛,請珍惜這段時光,別等到來不及的那一天。哪怕只是一次短暫的探訪、一通關心的電話,都能讓父母感受到你的牽掛與愛。回家吧,不需要特別的理由,也不必等到逢年過節,因為家,永遠是最溫暖的地方。

第八章　家庭的羈絆—珍惜當下，莫待遺憾

將煩惱留在門外

在生活與工作壓力交織的時代，我們難免會遇到困難與挫折。然而，真正的智慧不在於如何避免問題，而是在於如何處理情緒，尤其是不要讓這些負面情緒影響到最親近的家人。家庭應該是溫暖的避風港，而不是壓力的延伸。

我們的社會競爭激烈，工作壓力、人際關係的糾葛，時常讓人心煩意亂。當這些情緒未能適當紓解時，往往會在不知不覺中帶回家，影響到家人的情緒與家庭氛圍。有些人可能會在外受了委屈，無法向上司或客戶表達，最終卻將不滿發洩在家人身上，這不僅無助於解決問題，還會破壞家庭和諧。

發洩情緒是必要的，但方式應該是健康且不傷害家人的。例如，透過運動、書寫、音樂或興趣活動來舒緩壓力，而非將家人視為情緒的出口。家庭成員是我們最珍貴的財富，他們應該是支持我們的力量，而不是承受我們怒氣的對象。

有一則發人深省的故事：

一位父親因為工作忙碌，回家時總是心情沉重。他的五歲兒子某天在門口等他，問道：「爸爸，你一小時賺多少錢？」

將煩惱留在門外

父親不耐煩地回應:「這不關你的事。」但孩子堅持想知道,於是父親回答:「二十美金。」

孩子低頭想了一會兒,然後問:「爸爸,可以借我十美金嗎?」

父親聽了非常生氣,責備道:「如果是要買玩具,就不要再來煩我!」

孩子默默回到房間,父親則仍然氣憤難平。但後來,他開始覺得自己反應過激,於是走進兒子的房間,給了他十美金。

沒想到,孩子從枕頭下拿出零錢,湊齊二十美金,然後說:「爸爸,現在我有二十美金了,我可以向你買一個小時的時間嗎?明天請你早點回家,陪我吃晚餐。」

這位父親瞬間愧疚萬分。他才意識到,家人的需求其實很簡單,他們要的不是金錢,而是陪伴與關愛。

另一個故事發生在美國。一位農場技工在工作時遭遇了一連串的倒楣事,包含車子拋錨、工具故障等。當僱主送他回家時,看到他進門前在門外的一棵小樹前停了一下,輕輕地撫摸樹枝。僱主感到好奇,詢問這個動作的意義。

技工微笑著說:「這是我的『煩惱樹』。我把一天的不順心掛在這棵樹上,不讓它進入家門,因為家裡有我愛的家人。奇妙的是,隔天當我再去取回煩惱時,發現它們已經沒

第八章　家庭的羈絆—珍惜當下，莫待遺憾

那麼沉重了。」

　　這個故事告訴我們，許多煩惱只是暫時的，隨著時間過去，它們的影響力會逐漸減弱。學會在回家前放下負擔，讓自己用輕鬆的心情迎接家人，才能讓家庭維持溫馨與幸福。

　　在這個忙碌的社會裡，每個人都在為生活打拚，時間被工作與進修填滿，導致與家人相處的時間越來越少。然而，真正的成功並不僅僅取決於收入或物質享受，而是能否在拚搏的同時維繫親情。

　　我們可以選擇把快樂帶回家，而非把煩惱留給家人。當你結束一天的工作，推開家門的瞬間，試著用一張笑臉迎接家人，分享彼此的喜悅，而不是將工作的不愉快帶入家庭。家庭的溫暖來自於彼此的理解與關愛，而非來自於房子的大小或物質的豐富。

　　我們可以向家人傾訴煩惱，但不是將他們當作情緒的發洩對象。家是我們最堅強的後盾，應該用心去呵護。當一天的勞累過去，回到家時，請記得將煩惱留在門外，帶上一份好心情與愛，與家人共度美好時光。

報喜不報憂

當我們離家在外打拚時，除非家人能幫上忙，否則不必將煩惱帶給他們，讓他們平添擔憂。與其分享困境，不如帶給家人安心的訊息，讓他們放心生活。

孝順父母不只是物質上的照顧，更重要的是讓他們感受到安心與幸福。許多人在長大後，意識到父母的辛勞，開始強調「現在該孝順父母了」，但真正的孝順不只是物質上的回報，更應該像父母當初對待我們一樣，無條件地關心與體貼。

在這個價值觀多元的時代，如何表達對父母的孝心呢？對於仍在家中的孩子，可以協助家務、珍惜父母的辛勞成果，成為讓他們驕傲的子女；而在外打拚的遊子，雖然不能時常陪伴，卻可以透過電話、訊息，時常問候，讓父母感受到來自遠方的關心。然而，在與家人溝通時，並非所有的事情都需要報告，尤其是不必要的煩惱與憂愁，應該選擇性地分享。

俗話說：「出門在外，報喜不報憂。」無論我們身處何方，父母的牽掛總是不變的。他們的心願很簡單，就是希望我們能過得順遂。因此，在與家人分享近況時，要懂得取捨，哪些事情該讓家人知道，哪些則不必說出口，這需要我

第八章　家庭的羈絆—珍惜當下，莫待遺憾

們的智慧判斷。

一名年輕人因工作需求到日本駐點半年。他工作繁忙，又面對陌生的語言環境，壓力極大，甚至在冬天時因氣候不適應而重感冒。但當他打電話回家時，卻依然笑著說：「最近工作還不錯，日本的食物很好吃！」他明白，父母無法改變他的處境，說出口只會讓他們擔憂，因此選擇以輕鬆的口吻報平安。

然而，他的母親後來得知此事，感動地說：「孩子長大了，懂得如何獨自面對辛苦，這是我們最欣慰的事。」這也說明了，有時候，對家人最好的孝順，不是訴說困難，而是讓他們無需為我們擔憂。

一名在美國工作的女子小涵，搭乘飛回家鄉的班機時，因為遇上強烈颱風，飛機一度劇烈顛簸，甚至一度有緊急迫降的可能。當時機艙內的旅客陷入恐慌。幸運的是，經過機長與機組人員的努力，飛機最後安全降落。

下機後，其他乘客紛紛迫不及待地聯絡家人報平安，但小涵卻選擇先冷靜下來。她回到家後，才用輕鬆的語氣告訴家人：「飛機有點顛簸，不過一切順利，我已經安全到家了。」她知道，如果當時就在飛機上打電話，家人可能會嚇壞，甚至影響幾天的心情。因此，她選擇在確認安全後，才以淡然的方式分享經歷，讓家人免受驚嚇。

> 報喜不報憂

　　這種「報喜不報憂」的選擇，不是冷漠，而是對家人的體貼。

　　人生路途難免崎嶇，沒有人能保證一路順遂。當我們遇到挫折時，與身邊的朋友傾訴，或是自己默默承受，都比讓父母擔憂來得更有意義。俗話說：「兒行千里母憂萬里」，我們在外努力拚搏，父母的牽掛無法消減，若是再向他們訴說困境，只會讓他們更加憂心。

　　對於社會而言，我們或許已經長大成熟，但在父母眼中，我們永遠是需要照顧的孩子。他們在家牽掛著我們，而我們應該學會體諒，讓他們少一分擔心，多一分安心。現在或許我們無法完全承擔家中的責任，但至少可以學會替父母分憂，而不是讓他們為我們憂心不已。

　　當我們在外奮鬥時，請記住：「報喜不報憂」。當拿起電話與家人聯繫時，選擇用溫暖的語言安慰他們，讓父母放心，這才是我們應該做的孝順之道。即使偶爾撒個「善意的謊言」，對父母說：「我很好，一切都很順利」，也是讓他們安心的方式。畢竟，對他們而言，孩子的笑容與平安，就是世上最珍貴的禮物。

第八章　家庭的羈絆—珍惜當下，莫待遺憾

與孩子做朋友

　　與孩子做朋友並不困難，最重要的是花時間陪伴他們，聆聽他們的心聲。一個聰明的家長，應該在繁忙的生活中騰出時間，與孩子建立深厚的情感連結，這不僅有助於孩子的成長，也能讓親子關係更加融洽。

　　孩子是家長的希望，也是家庭的未來。許多夫妻在成為父母之前，羨慕著別人有自己的孩子，當他們終於迎來新生命時，滿心歡喜。然而，隨著孩子的成長，他們會逐漸形成自己的世界觀與價值觀，如何陪伴他們，成為影響一生的重要課題。

　　我們時常在新聞中看到青少年的問題行為，例如自殘、暴力或犯罪，這些行為背後往往與家庭環境息息相關。美國哈佛大學心理學教授曾指出，親子關係是家庭關係中最穩固的連結，因為它具有不可取代性與永久性。如果父母忽略與孩子的互動，或是採取錯誤的教育方式，可能會導致孩子在心理發展上產生問題，甚至影響他們未來的行為模式。

　　父母對待孩子的方式，將深遠地影響孩子未來的性格與價值觀。許多研究顯示，孩子的道德修養與家庭教育有直接關聯。例如，同情心、自尊心與獨立性等重要人格特質，都受到父母的言行影響。如果親子關係缺乏愛與尊重，孩子容

易出現心理發展不健全的情況。

愛孩子是一門需要學習的藝術。許多父母以本能的方式愛護孩子，但未必是最適當的教育方式。有些人以愛為名嚴厲管教，甚至不惜體罰；有些人則過度寵愛孩子，導致孩子變得嬌縱。這些極端的做法，都可能讓孩子產生叛逆或依賴心理，對未來發展產生不利影響。

某天，小慧趁著休假，帶兒子去超市購物。當經過玩具區時，兒子盯著一臺「挖土機」玩具不肯離開。由於家裡已經有好幾臺類似的玩具，她便拒絕了孩子的請求。然而，孩子哭著央求，情急之下，小慧對兒子大聲斥責，甚至在超市裡動手打了他。

當時，周圍的人紛紛投來不同的眼光，有些是責備，有些是同情。就在她感到懊悔時，一位長者輕聲提醒她：「把孩子當朋友吧，年輕人。」這句話讓她頓時清醒。

回家後，兒子依然抽泣，告訴她：「媽媽，我是想買來送妳當生日禮物的。」這讓她瞬間無言以對，心裡滿是愧疚。

從那天起，小慧開始改變教育方式，不再以命令或責罵的方式管教孩子，而是試著與兒子平等溝通。她學會耐心聆聽，與孩子一同遊戲、學習，甚至在假日帶他去公園玩耍、讀詩詞，讓學習變得更有趣。她發現，兒子變得更加活潑、自信，親子關係也變得更加緊密。

第八章　家庭的羈絆—珍惜當下，莫待遺憾

這位母親之所以能獲得孩子的信任，是因為她願意承認自己的錯誤，並且學會放下家長的權威，以朋友的姿態與孩子相處。其實，與孩子做朋友並不困難，關鍵在於父母是否願意騰出時間，耐心陪伴孩子。

然而，在現代社會中，這樣的親子關係變得越來越難以維持。這是一個高速發展的時代，父母忙於工作、社交，甚至加班、應酬，往往忽略了與孩子的互動。他們可能賺進了大筆金錢，卻錯過了孩子成長的寶貴時刻。

如果沒有足夠的時間與孩子交流，父母將無法了解孩子的內心世界，更無法在關鍵時刻提供適當的指引。因此，一個聰明的父母，應該刻意安排時間，與孩子建立深厚的情感連結。有了共同的時間，親子之間才能相互理解、相互學習，讓教育變得更加自然與有效。

教育孩子不僅是一門學問，更是一門藝術。陪伴孩子成長，並不是單純地滿足他們的物質需求，而是要真正參與他們的生活，讓孩子感受到愛與尊重。

未來的世界充滿變數，但親子之間的情感是穩固且不可取代的。父母與孩子的關係，不應該只是管教與被管教，而應該是一場共同成長的旅程。當父母願意成為孩子的知心好友，孩子將能夠在愛與尊重中茁壯成長，擁有更堅韌的未來。

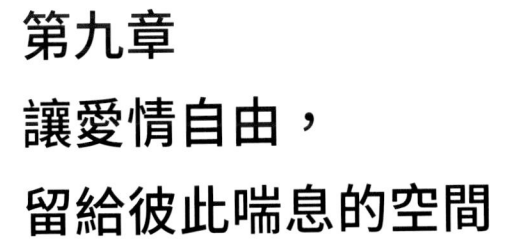

第九章
讓愛情自由，
留給彼此喘息的空間

真正的愛，不是互相凝視，而是朝同一個方向看去。

―― 安東尼・聖修伯里

第九章　讓愛情自由，留給彼此喘息的空間

不要試圖改造你的伴侶

在心理學講座中，專家提到，健康的愛情需要適當的空間，讓雙方能夠在婚姻中保有自己的特質與成長的機會。愛情並不是試圖改造對方，而是接受差異，並在尊重中讓關係更加穩定與持久。

愛情的真諦在於彼此接納，而非將伴侶變成自己想要的樣子。每個人在成長過程中，都有自己獨特的個性與價值觀。嘗試以自己的標準重塑對方，不僅會削弱感情基礎，還可能引發爭執和裂痕。因此，真正的愛情是尊重並珍惜對方的本來樣貌，而不是用愛的名義要求對方改變。

伊森是一位性格內向的工程師，喜歡在家享受安靜的閱讀時光；艾蜜莉則是熱情洋溢的社交達人，喜歡參加派對並結交新朋友。婚後，艾蜜莉希望伊森能多參加社交活動，與她的朋友建立更多連結，甚至嘗試將伊森的穿著與言談改造成更符合「社交場合」的模樣。

起初，伊森順應艾蜜莉的要求，但隨著時間推移，他感到越來越有壓力。最終，他選擇坦承自己的感受，並與艾蜜莉深入溝通。艾蜜莉才意識到，伊森的安靜特質正是她當初愛上他的原因之一。從那以後，艾蜜莉不再試圖改變他，而是學會了欣賞伊森內斂的個性，也尊重他的獨處需求。伊森

> 不要試圖改造你的伴侶

則也願意偶爾陪她參加一些重要的社交聚會。透過這樣的調適，他們的感情變得更為穩固，雙方都感到輕鬆自在。

哈佛心理學教授曾指出：「婚姻的穩定，不在於改變對方，而在於彼此包容。」這句話揭示了愛情的核心價值。許多學員也從英國政治家班傑明・迪斯雷利（Benjamin Disraeli）的故事中，學到如何讓愛情更甜蜜。

迪斯雷利與他的妻子瑪莉之間相互尊重，即使瑪莉的行為舉止有時令人啼笑皆非，但迪斯雷利從不批評她，而是用寬容的心態與她共同經營這段婚姻。這份智慧使他們的婚姻成為後人稱頌的典範。

愛情不是束縛，而是一種讓彼此成長的力量。在婚姻中，不試圖改變伴侶，反而會讓感情更為甜美。每個人都有自己的成長歷程與特質，只要能以尊重與理解的態度相處，愛情將能夠穿越歲月的考驗，長久而幸福地存在下去。

第九章　讓愛情自由，留給彼此喘息的空間

抱怨只會毀了幸福

抱怨往往被視為表達不滿或緩解壓力的一種方式，但在親密關係中，它卻可能成為一顆潛伏的定時炸彈。不斷抱怨伴侶並不能帶來幸福，反而會令雙方愈加疏遠，甚至對婚姻產生毀滅性的影響。只有當我們意識到抱怨的破壞力並學會停止，才能為愛情留下一片純淨的空間。

在日常生活中，許多人習慣用抱怨來表達內心的不滿，尤其是在家庭中。夫妻間最常出現的情景，就是一方不斷對另一方的小瑕疵挑剔不滿。這些抱怨可能一開始只是小小的怨言，但長此以往，它會像滲透的水滴，逐漸侵蝕彼此的感情根基。那些原本可愛的細節和日常的美好，最終都可能在無休止的抱怨中變得黯然無光，甚至成為爭吵和冷戰的誘因。

心理學研究指出，持續的抱怨容易使對方感到自尊心受損，甚至對生活失去信心。當抱怨成為一種常態，受抱怨者的心理壓力會逐漸累積，最終可能演變成對家庭的逃避心理，或者對婚姻生活的徹底失望。

安德魯是一名軟體工程師，他的太太麗莎則是一名自由插畫家。他們結婚五年，婚後的頭兩年，麗莎對家務分工並

不多加抱怨,兩人相處和睦。然而,隨著工作壓力增加,麗莎開始頻繁抱怨安德魯回家太晚、不參與家務分擔,甚至經常忘記她的生日或重要紀念日。

安德魯起初嘗試解釋自己的困難,但麗莎的抱怨卻越來越多。她不斷指出安德魯的缺點,甚至在親友面前開玩笑似地說:「我老公就是個不懂浪漫、不幫忙的宅男。」這樣的語言雖然表面上看起來只是玩笑,但長期下來,讓安德魯覺得自己的付出不被重視,也逐漸對家庭生活失去熱情。

一次爭吵後,安德魯對麗莎說:「妳的抱怨讓我覺得,我永遠無法達到妳的標準,這樣下去,我不知道還能堅持多久。」這句話讓麗莎陷入深思,她開始意識到自己的抱怨確實給婚姻帶來了裂痕。隨後,她嘗試調整自己的態度,逐漸用更多的鼓勵與感謝來代替抱怨,這才讓他們的婚姻重回平穩。這段經歷說明了,抱怨不僅無助於解決問題,反而會削弱彼此的愛與信任。

抱怨帶來的破壞力不可小覷,但它並非不可改變。心理學家曾對數百對夫妻進行研究,結果顯示:那些能夠用溝通代替抱怨的夫妻,關係往往更長久、更加幸福。

以下幾個方法可以幫助夫妻在婚姻中減少抱怨、增進感情:

第九章　讓愛情自由，留給彼此喘息的空間

1. 給予對方更多的肯定與讚美

每天找一件小事感謝對方，例如「今天謝謝你幫我整理廚房」或「我很喜歡你剛才講的笑話」。這些肯定的語言能讓對方感到被重視，自然也會願意為家庭付出更多。

2. 學會選擇適合的時機表達不滿

當對方心情不好或壓力大時，強行表達自己的不滿只會火上加油。相反地，在雙方心情平靜的時候，坦誠地提出建議或需求，會更容易得到理解與回應。

3. 用幽默化解日常瑣事

幽默能有效緩解因小事引發的緊張。例如，當對方忘了拿垃圾出去，不妨輕鬆地說：「垃圾應該很喜歡待在家裡，因為它一直不想走。」這樣的話語既點出了問題，又不會引起爭執。

婚姻中的抱怨，往往源自對生活中不如意的投射。然而，解決不如意的根本方法並不是透過抱怨改變對方，而是用理解和包容去修復彼此的關係。當我們學會停止抱怨，改用支持與鼓勵來面對伴侶時，幸福才會重新降臨，讓愛情更加甜美。

放手的智慧

在愛情中，我們常常陷入執著，尤其是當那份感情深深刻進心裡時，放手變得格外困難。然而，明智的選擇並不一定是持續抓緊，而是懂得什麼時候該鬆手。愛情的真諦並非擁有，而在於付出祝福，成全彼此走向更美好的未來。

生命中總有些事情無法如願。無論是追求愛情、夢想或某種生活方式，太過執著有時反而會成為負擔，阻礙我們看清其他選擇的可能性。一個人若一味追求不可得的事物，往往會忽視身邊已然擁有的美好，甚至失去幸福的機會。

有一個古老的故事講述了一位小和尚，他因為無法留住夕陽的美景而傷心不已。老師父提醒他：「明知不可得，何必苦苦強求？」這句話看似簡單，卻蘊含了深刻的智慧。學會放下對不可得之物的執念，才能更真切地感受到生活中的美好。

在愛情的世界裡，真心祝福對方，是放手最溫暖的表現。若對方不再愛你，試著為她送上由衷的祝福，讓她感受到你的善意，而不是將她綁在一段失去和諧的關係中。這樣的放手，不僅解放了對方，也解放了自己，讓彼此都能迎向新的可能性。

第九章　讓愛情自由，留給彼此喘息的空間

當然，放手並不意味著否定過往的感情。曾經愛過的點滴，依然值得珍藏在心底。這份記憶會成為生命中的養分，幫助我們成長，而不是成為苦澀的包袱。

亞歷克與娜塔莉相遇於一場藝術展，兩人一見如故，迅速墜入愛河。娜塔莉欣賞亞歷克的創意與幽默，亞歷克則迷戀娜塔莉的才華與靈感。他們的感情在初期熱烈如火，令人羨慕。然而，隨著時間推移，他們發現彼此的差異比想像中更大。亞歷克是一位畫家，他沉浸於自己的創作世界中，常常因專注於作品而忽略與娜塔莉的相處；而娜塔莉作為一位社交活躍的藝術策展人，對於長時間的孤獨感感到沮喪。

他們試圖調整彼此的生活習慣，但最終發現，這段關係讓兩人越來越壓抑，感情也逐漸冷卻。最終，在一次深夜的談話中，娜塔莉提出分手。亞歷克起初感到痛苦與困惑，但在經歷數週的內心掙扎後，他決定接受這個現實，並為娜塔莉送上最真誠的祝福。

「如果我們無法再一起前進，那就讓我們彼此祝福。」亞歷克寫信給娜塔莉，感謝她帶來的快樂和啟發，並希望她能在未來找到真正屬於她的幸福。

數月後，亞歷克重新專注於他的藝術創作，並因參加一次國際展覽而獲得重大突破。娜塔莉也繼續她的策展工作，並在一場活動中認識了一位志同道合的合作者。兩人各自走

> 放手的智慧

向新的生活,心中仍帶著對彼此的祝福。

愛情的智慧不在於執著於過去,而在於懂得在合適的時候放開手。放手不意味著失敗,而是一種成全,讓對方自由,也給自己一個重新出發的機會。當我們學會對失去的愛情送上真心的祝福,生活的旅程會變得更輕盈,未來也會更值得期待。

第九章　讓愛情自由，留給彼此喘息的空間

珍惜已經擁有的

珍惜眼前的伴侶，不只是因為相遇不易，更因為真正懂得珍惜的人，才能擁有長久的幸福。那位願意陪你走過人生風風雨雨的人，就是最值得珍視的。

許多人總是嚮往遠方的美景，甚至幻想著不切實際的美好人生，耗費心力追逐夢想中的完美，卻忽略了身邊真實的幸福。其實，最美的風景一直就在我們的身旁，只是未曾用心體會。

有一名企業家，事業有成、家庭美滿，卻仍覺得生活缺乏激情。他總是羨慕那些過著自由無拘無束生活的人，認為自己被家庭與責任束縛住了。

某天，他遇見一位智者，智者問他：「你不快樂嗎？我能幫助你嗎？」

企業家說：「我什麼都擁有，只是少了一種真正的幸福感。」

智者微笑道：「那麼，我來幫助你看清幸福的真相。」隨即，他讓企業家體驗了一個完全不同的人生——事業崩潰、家庭破裂，朋友離他而去。

經歷了一段孤獨無助的日子後，企業家終於意識到，自己過去的一切其實才是最珍貴的。當智者讓他重新回到原來的生活，他激動萬分，終於懂得感恩與珍惜。

珍惜已經擁有的

有一名音樂家,年輕時曾與一位舞蹈家相戀,但因事業發展不同而分開。他雖已成家立業,卻始終惦記著過去的戀人,總覺得現在的生活平淡無奇。

某天,他終於決定去見舊愛,想看看多年後她是否依舊動人如昔。然而,當他敲開對方的家門,看到的卻是一位普通的中年婦人,帶著歲月的痕跡,早已不復當年輕盈動人的模樣。

這一刻,他恍然大悟 —— 原來,他一直陶醉在自己對「紅玫瑰」的幻想中,卻忽略了現實的美好。他回到家後,重新用心經營家庭,發現自己的妻子才是最值得珍惜的人。

一位畫家曾向上師請教幸福的真諦。上師遞給他兩支畫筆,讓他選擇。畫家猶豫再三,選了一支看似完美的筆,卻又覺得另一支可能更好。當他回頭想換時,卻發現另一支筆已經消失。

上師語重心長地說:「人總是對未擁有的東西充滿幻想,卻忽略了手中的珍貴。幸福不在於選擇更多,而在於珍惜當下。」

這就如同生活中,我們總以為遠方的選擇更美好,卻忽略了眼前已擁有的幸福。其實,真正的快樂來自於珍惜現有的一切,無論是親情、愛情或是生活中的點滴。

當我們學會珍惜,就會發現自己已經擁有最美的幸福,而它一直就在我們的身邊。

第九章 讓愛情自由，留給彼此喘息的空間

為疲倦婚姻注入新活力

適時給婚姻一個喘息的機會，是挽救感情的一種有效方式。透過短暫的分開，夫妻雙方能重新審視彼此的關係，發現自身的不足，進而學會理解、包容與改變，讓婚姻得以延續並增添新的活力。

人性中存在著「喜新厭舊」的傾向，兩個人長時間相處，容易產生「審美疲勞」與「生活疲勞」。前者指的是，隨著歲月流逝，對方的容貌可能不再吸引自己，或是因為過於熟悉而失去新鮮感；後者則是指感情逐漸被日常瑣事取代，親密互動不再充滿激情，愛情與生活變得機械且單調。

其實，婚姻走入穩定後，激情減少是自然的，並不代表婚姻的失敗。幸福的婚姻需要經營，當關係變得沉悶時，適時注入新鮮感，便能讓感情保持活力。無論再深厚的愛情，都需要適時加入新的刺激，才能維持長久的和諧與幸福。

許多人將「長相廝守」視為婚姻的最高境界，甚至極端地追求「形影不離」，認為這才是真愛的體現。然而，過度親密反而可能讓彼此失去空間，引發摩擦與壓力。事實上，適度的分開不僅能讓彼此獲得喘息的機會，也能讓感情變得更深刻。

俗話說：「小別勝新婚」，適當的距離不僅能讓身心得到

> 為疲倦婚姻注入新活力

調整,還能讓彼此在分開的時間裡重新體會對方的珍貴。當一方不在身邊時,另一方才會真正感受到對方在生活中的重要性,而這種思念與渴望,往往能成為重新點燃愛火的契機。

皓宇與宛晴結婚三年,曾經甜蜜的兩人,卻漸漸陷入無休止的爭吵之中。宛晴覺得皓宇過於自我,皓宇則認為宛晴太過挑剔,這些積累的矛盾讓兩人心生疲憊,甚至開始懷疑這段婚姻的意義。

某天,宛晴終於忍不住說:「我們離婚吧。」

皓宇沉默了一會兒,隨後淡淡地回應:「好吧,既然這樣,或許對彼此都好。」然而,這句話一出口,宛晴的眼淚卻不由自主地流了下來。

就在這時,皓宇提議:「不如我們試試『婚姻休假』,暫時分開一陣子,不辦理離婚手續,只是給彼此空間,好好思考我們的關係。」

宛晴點頭同意,兩人就此展開一場婚姻的試煉。

最初的幾天,宛晴享受著自由,覺得這樣的生活比爭吵不休來得輕鬆。但當第一個週末來臨時,她開始感到空虛,思念皓宇的點點滴滴,才意識到,這段婚姻對自己而言並非可有可無。

與此同時,皓宇也發現,沒有宛晴的日子竟然如此孤

第九章　讓愛情自由，留給彼此喘息的空間

獨。他開始回想起她的體貼、善良，還有過去的美好時光，終於明白自己曾經多麼忽略她的感受。

半個月後，皓宇猶豫地拿起電話，卻又遲疑地掛斷：「我是不是該再等等？或許這只是短暫的情緒影響⋯⋯」但這份掙扎只持續了一會兒，他終於鼓起勇氣，寫了一封信放進宛晴家的信箱。

「親愛的宛晴：

當妳看到這封信時，我已在街心公園等妳。這段時間，我仔細思考了一切，也終於明白，婚姻不只是習慣，更是一種承諾。我應該珍惜妳，而不是讓妳感到受傷。如果妳願意，我想重新擁抱我們的愛情。」

收到信的宛晴，早已淚流滿面，匆匆趕到公園。當兩人相視而笑時，他們都知道，這場試煉讓彼此更加珍惜，也讓這段婚姻更加堅固。

給婚姻一個「休假」的機會，有時能成為挽救感情的契機。當夫妻長時間相處，彼此的缺點放大、情緒失衡，感情容易陷入惡性循環。然而，透過短暫的分離，雙方能冷靜下來，重新審視自己的問題，進而珍惜彼此的存在。

當婚姻亮起紅燈時，適時讓雙方喘口氣，反而能帶來意想不到的轉機。當分開後才發現對方的重要性，當思念取代爭吵，當理解超越埋怨，這段感情才會變得更加穩固。畢

> 為疲倦婚姻注入新活力

竟,婚姻不只是浪漫的承諾,更是一種共同成長的過程。

所以,當感情陷入低潮時,或許可以嘗試短暫的分開,讓彼此有機會重新審視關係。適當的距離不會讓愛消失,反而能讓彼此更珍惜,共同走向更美好的未來。

第九章　讓愛情自由，留給彼此喘息的空間

養成讚美對方的習慣

渴望讚美是人類的本能，適時的讚美不僅能讓一個人更有自信，也能讓彼此的關係更加和諧融洽。因此，從現在開始，試著在日常生活中讚美你的伴侶，讓讚美成為你的一種習慣，而不是難得一見的表現。

婚姻生活如同四季交替，有時陽光燦爛，有時風雨交加。當感情遭遇挑戰時，耐心守候，終能見到雨後的彩虹。那麼，該如何維繫婚姻中的溫暖？其中一個簡單卻有效的方法就是——每次責備對方時，至少應該有五次的讚美來平衡關係。

「打是情，罵是愛」或許有其道理，但絕非適用於所有伴侶。每個人都渴望被肯定，讚美是人類內心深處的需求。關係中的裂痕，往往是從日常生活的言語摩擦開始的。語言的力量不容小覷，一句負面的話，可能讓原本和諧的關係出現裂縫，甚至造成無法彌補的傷害。

如果你希望關係更加幸福長久，那麼請從讚美開始。即使對方偶爾犯錯，也應該先看到他的優點，給予肯定，而不是只專注於指責。伴侶是彼此扶持的夥伴，而非競爭對手。在責備的同時，別忘了表達你的欣賞與感謝，這樣不僅能幫助對方調整心態，也能讓彼此的感情更加穩固。

> 養成讚美對方的習慣

著名哲學家格奧爾格·威廉·弗里德里希·黑格爾曾講過一個發人深省的故事：一位年輕人即將被處決，圍觀的人群中，一位老太太突然說：「看，他的金髮多麼漂亮！」那位年輕人聽後，感動地向老太太鞠躬，含淚說：「如果這世界上多一些像您這樣的人，也許我今天不會走到這一步。」

哪怕是微不足道的一句讚美，也能對一個人的心理產生深遠的影響。

心理學教授曾指出，讚美不僅能夠讓一個人更加優秀，也能夠拉近人際關係，促進彼此的和諧。而這種力量，在親密關係中尤為重要。

「哇！這道菜真的很好吃！」當庭宇吃到愛人親手做的一頓美食時，忍不住讚嘆。對方聽見後，嘴裡雖然謙虛地說著：「這裡的味道還可以更好，那裡還可以更細緻……」但內心卻因被肯定而感到滿足。

這樣簡單的讚美，像是關係中的調味劑，讓生活變得更有滋味。一句溫暖的讚美，能讓彼此感受到尊重與欣賞。如果伴侶能在日常生活中適時表達感激與鼓勵，無形中就為關係建立了一層強而有力的保護網，使感情更加穩固。

比起批評，讚美往往更能影響對方的行為。例如，當對方努力完成一項專案或解決家庭中的問題時，不妨說：「你真的很有創意，這個點子太棒了！」這短短的一句話，勝過千

第九章 讓愛情自由,留給彼此喘息的空間

言萬語的道歉與解釋。同樣,當對方努力整理環境、修理家電或完成任何一件值得肯定的事情時,適時的讚美能讓對方感受到被重視與欣賞。

在親密關係中,無論任何性別,都渴望被肯定與支持。例如,當伴侶面對生活或工作的挑戰時,一句「我相信你的能力,你一定能做到的!」可以成為他們堅持下去的力量。然而,若選擇嘲諷:「你連這點事都做不好?」這不僅會打擊自信心,也會讓感情變得冷漠。

有時候,人們表面堅強,但內心仍然需要被理解與呵護。然而,當帶著期盼回家,迎接的卻是伴侶的抱怨:「為什麼別人能賺更多錢,你卻還是這樣?」或者當準備了一份小驚喜,卻被隨意忽視,這樣的態度會讓人對家庭產生疏離感,甚至失去對關係的熱情。

一位聰明的伴侶,會懂得適時給予對方鼓勵與讚美,而不是一味挑剔對方的不足。當然,讚美應該是出自真心,而非刻意迎合,才能真正發揮作用。真正的讚美不是討好對方,而是透過欣賞對方的優點,營造出親密關係中的默契與理解。

許多人之所以無法開口讚美,並非因為不願意,而是沒有仔細觀察對方的優點。事實上,生活中處處都是值得讚美的瞬間——即使是對方在工作或學業上有突破、完成家務、

養成讚美對方的習慣

陪伴家人,或是簡單地展現溫暖與關懷,都值得稱讚。即便是小事,也能成為彼此關係中的溫暖記憶。

有些伴侶因為忙碌於工作與家庭,漸漸忘記欣賞對方,導致關係逐漸冷淡。許多人甚至會說:「自從在一起後,他／她變了,現在看不出什麼優點,缺點倒是越來越多!」這種心態正是導致感情失去熱度的主因。

千萬不要把讚美當成是一種犧牲或刻意的付出。從心理學的角度來看,讚美其實是一種正能量的循環。當你發自內心地讚美對方,你也會感受到更多的愛與回饋。你的每一句讚美,都像是一顆顆珍珠,串起你們的幸福生活,讓彼此的關係更加閃耀動人。

所以,從現在開始,試著在日常生活中練習讚美你的伴侶。不論是對方的努力、善意,還是生活中的小事,都值得你發自內心地讚美。無論對方的反應如何,你的讚美已經悄悄在他／她的心中種下一顆溫暖的種子,讓愛與關係因你的用心,而變得更加美好。

第九章　讓愛情自由，留給彼此喘息的空間

第十章
用心工作,才能真正快樂

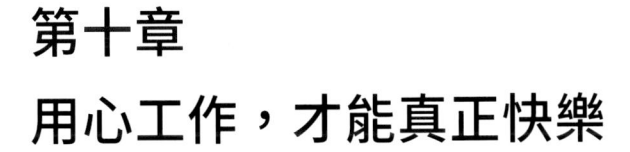

「真正的笑,就是對生活樂觀,對工作快樂,對事業興奮。」

―― 阿爾伯特・愛因斯坦
（Albert Einstein）

第十章　用心工作，才能真正快樂

工作時心懷感恩

懷抱感恩的心態可以改變一個人的一生。如果我們每天都帶著感恩之心去工作，專注於每一項任務，不僅能獲得更多的支持，也會讓心情更加愉快，工作表現也會更出色。

沒有任何工作環境是完美無缺的，但每一份職位都蘊含著寶貴的經驗和成長機會。無論是從失敗中學到的教訓、與同事合作的默契，或是與顧客、合作夥伴互動所帶來的洞察力，這些都是職場中的無形財富。成功的人，往往懂得從每一次經驗中學習，而不是只關注眼前的不完美。

英國哲學家大衛・休謨（David Hume）曾說：「感恩是最愉快的美德，也是最難得的。」對於我們的內心來說，感恩是一種強大的驅動力，能夠讓我們更樂觀地面對挑戰，甚至轉化困難為成長的契機。

感恩不只是對順境的感激，也包括對挑戰和逆境的理解與接受。世界上的一切事物都是相互連結的，沒有阻力就沒有動力，沒有挑戰就無法成長。因此，即使面對困境，也應該試著用開放的心態去接納，並思考如何從中學習與提升自己。

成長並非只屬於孩童和青少年，成年人同樣需要不斷學習和進步。不僅僅是專業知識的提升，個人在職場上的發

> 工作時心懷感恩

展、社會關係的經營,甚至是心態上的成熟,都是成長的一部分。只有不斷學習,才能讓自己在競爭激烈的環境中站穩腳步,拓展未來的可能性。

工作的價值不僅是收入,它還提供了成長的平臺。每一次挑戰都是學習的機會,每一次成功都是進步的證明。從這個角度來看,工作給予我們的,遠比我們所付出的還要多。

一位軟體工程師喬納森曾在一家科技公司工作多年,某天,公司因財務問題而關閉,讓他不得不重新尋找機會。在一場求職面試中,他憑藉過硬的技術輕鬆通過筆試,但在面試時,考官提出了一些他未曾思考過的問題,結果他未能順利通過。

儘管如此,他仍然寫了一封感謝信給公司:「感謝貴公司提供面試機會,讓我有機會學習新的觀點,並拓展對產業的理解。雖然未能獲得職位,但這次經驗對我來說彌足珍貴。」這封信被層層傳閱,最後送到了企業的高層手中。

幾個月後,當這家公司有新的職缺時,他意外收到了錄取通知。原來,公司高層對他的感恩態度印象深刻,認為這樣的價值觀是企業文化中不可或缺的一部分。十多年後,他不僅成為該企業的技術總監,還在業界建立了良好的聲譽。

當我們以感恩的心對待每一次機會時,別人也會以善意回應我們。

第十章　用心工作，才能真正快樂

在現代企業中，那些能夠以感恩心態工作的人，往往更受歡迎。許多成功企業在招聘人才時，不僅關注專業能力，更看重應聘者的價值觀，特別是他們如何面對挑戰，以及如何與團隊合作。

一位市場行銷專業人士艾米莉在國際知名企業工作，與她共事過的同事都認為她友善且值得信賴。她的職場哲學來自於父母的教導：「對每一個曾幫助你的人心存感激，並且不要讓負面經驗影響你的未來。」

她曾在一次專案中遭遇困難，主管對她的工作成果相當嚴苛，甚至在公開會議上提出批評。然而，她選擇不被挫折打倒，反而向主管表達感謝：「謝謝您的指導，我會努力改進，也很高興能從這次經驗中學到新的觀點。」

這樣的態度不僅讓她贏得了主管的尊重，也讓她的職業生涯更加順利。許多年後，當她被提拔為部門主管時，過去的同事與上司都樂於與她合作，因為她總能以正向的態度面對挑戰，並在困難中學習成長。

當我們以感恩的心態工作時，工作本身將不再只是謀生的手段，而是成就自己、影響世界的機會。一位保全人員曾經說過：「雖然我的工作不像某些職業那樣光鮮亮麗，但我知道，正因為有我們的堅守，人們才能安心生活。我感謝這份工作帶給我的成就感與穩定的生活。」

> 工作時心懷感恩

　　他從不抱怨自己的職位,他努力做好每一個細節,保持良好的服務態度。他認為,不管身處什麼職位,能夠透過工作為他人提供價值,就是一件值得感激的事。

　　事實上,每一份工作背後,都隱藏著值得珍惜的價值。無論是在企業擔任要職,或是在基層默默耕耘,只要我們以感恩的心態看待手邊的工作,就能從中找到成就感,並且享受工作所帶來的成長與滿足。

　　當我們願意以樂觀的態度迎接每一天,不僅會讓自己更快樂,也能影響身邊的人,創造更美好的工作環境。

第十章　用心工作，才能真正快樂

從工作中尋找幸福

我們每個人都應該嘗試將自己的興趣與工作結合，無論從事何種職業，都應該樂在其中。當你把熱情投入到工作中，將工作視為一種樂趣和成就，那麼無論最終是否獲得外在的成功，你都能從中獲得內心的滿足與快樂，並將工作視為人生中最幸福的體驗之一。

工作不僅是為了滿足生存需求，更是個人成長與實現價值的平臺。每個人都需要透過工作來探索自身的潛能，讓生活更加充實。因此，我們不應只是把工作視為例行公事，而應該將其視為實踐熱情、實現抱負的機會。

一位總是抱怨工作的人，有一天向一位智者訴苦：「世界上沒有比工作更令人痛苦的事情了！」

智者微笑著回答：「工作並不像你想的那樣，它從來不是一件苦差事，而是一種幸福。」

「怎麼可能？我的工作枯燥無味，我找不到任何快樂。」這位先生疑惑地說。

智者回答：「問題不在於工作，而在於你的心態。如果你總是帶著負面的態度，即使做你熱愛的事情，也會感到厭倦。相反，若能以正向的心態面對，即便是平凡的工作，也能成為一種樂趣。」

這番話讓這位先生陷入深思，開始重新思考自己的工作態度。

其實，工作並不只是生計的手段，更是我們展現能力、創造價值的場域。當你帶著熱情和責任感投入工作，日常的職責將不再是一種負擔，而是一種快樂的使命。

無論職業是什麼，一個擁有熱情的人，都能將工作當成值得珍惜的機會。例如，一名清潔人員如果懷抱熱情，不僅能將環境維持得整潔明亮，更能帶給周圍的人舒適的感受；一名企業經理若全心投入，不僅能提升業績，也能帶動團隊士氣，創造更大的影響力。

熱情不僅影響個人發展，也影響一個人的職場生涯。擁有高度熱情的人，能夠主動尋找解決方案，面對困難時不輕言放棄，最終也更容易取得成功。

工作不僅帶來收入，還能提供尊嚴、成就感以及良好的人際關係。即使環境並不完美，也不應該厭惡自己的工作，因為這樣的態度只會讓狀況變得更糟。相反地，當我們積極面對，即使是例行的任務，也能找到樂趣和價值。

如果當前的工作看似單調無聊，試著為自己設定挑戰，讓日常工作充滿學習的動力。例如，尋找新的解決方案、改善效率，或是學習新的技能，這些都能讓工作變得更有意義。

第十章　用心工作，才能真正快樂

　　當你改變看待工作的方式，工作的本質也會隨之改變。如果你將工作視為一種負擔，它確實會讓你疲憊不堪；但如果你視它為一種學習和成長的機會，它將帶給你無限的可能。

　　無論身處什麼職位，當你投入熱情、發掘工作的價值，就能從中體會到幸福感。職業生涯不只是完成某些任務，而是我們創造價值、影響世界的一種方式。當你把每一天的努力視為一種成就，你將發現，工作其實是一件幸福的事。

休息是為了走更長遠的路

休息是為了走更長遠的路

懂得休息的人，才懂得如何高效工作。無止境的忙碌不僅影響健康，還會削弱專注力與創造力，最終反而降低工作效率。適時休息能讓我們的身心恢復，讓我們以更好的狀態迎接挑戰。

人生就像一根琴弦，過於鬆弛無法演奏美妙的樂曲，過於繃緊則容易斷裂。適度的張力才能讓我們發揮最佳狀態。正如羅賓德拉納特·泰戈爾（Rabindranath Tagore）在《飛鳥集》（*Stray Birds*）中所說：「休息屬於工作，正如眼瞼屬於眼睛。」

萊恩是一名數據分析師，畢業後進入一家知名企業，因為表現優異，很快就獲得主管的重視。在短短三年間，他的分析報告為公司帶來多次成功決策，讓他成為團隊中的核心成員。

然而，為了維持高標準的表現，他開始過度加班，經常連續數週每天工作超過 14 小時。即使回到家，他也仍然在處理郵件或修改報告。他認為，只要自己足夠努力，就能持續取得好成績，甚至更上一層樓。

但隨著時間過去，他開始感到頭痛、失眠，甚至在簡報時突然出現眩暈的症狀。最終，在一次公司會議中，他因為

第十章　用心工作，才能真正快樂

極度疲憊而在現場昏倒。經醫生診斷，他的身體已經處於「過勞綜合症」的狀態，若再不改善作息，將可能導致更嚴重的健康問題。

這次事件讓他意識到，長時間超負荷工作不僅損害健康，也會影響工作表現。休息並不是懶惰，而是讓自己能夠長久保持最佳狀態的必要行動。

現代社會競爭激烈，許多人過度投入工作而忽略了健康與休息。然而，研究顯示，適當的休息不僅能提升專注力，還能促進創意與問題解決能力。因此，要成為真正的職場贏家，我們必須學會適時停下來，讓自己重新充電。

那麼，該如何有效地休息與調整心態呢？

1. 設定明確的工作與休息界線

減少不必要的加班，學會在工作與生活之間取得平衡。如果壓力已經很大，就不要再額外施加更多負擔給自己。

2. 提升睡眠品質

午間小憩能有效提升下午的工作效率，晚上避免過量咖啡因攝取，確保有充足且高品質的睡眠。

3. 保持樂觀心態，學會釋放壓力

增強心理素養，培養興趣愛好，將注意力從壓力源轉移至能讓自己放鬆的活動上，例如閱讀、音樂、旅行等。

4. 養成健康的生活習慣

均衡飲食，減少過度油膩或高鹽食物，確保攝取足夠的蔬菜與水果。此外，選擇適合自己的運動方式，例如瑜伽、慢跑或游泳，讓身體保持活力。

休息不是偷懶，而是讓自己在長期工作中維持穩定表現的重要策略。當我們學會調整步伐，找到適合自己的節奏，就能在事業上走得更長遠，也能在生活中找到真正的幸福感。

第十章　用心工作，才能真正快樂

找到工作中的快樂

如果一個人對工作毫無興趣，就容易感到疲憊，工作會變成無休無止的負擔；但如果對工作充滿熱情，不僅能夠積極投入、享受其中的樂趣，甚至在遇到挑戰時也不輕言放棄。人生三分之一的時間都在工作中度過，若能從中獲得樂趣，整個人生都將變得更加快樂和充實。

正如企業家松下幸之助所說：「真正的幸福，就是在工作中找到興趣，並快樂地投入其中。」

心理學研究表明，工作熱情會直接影響個人表現。如果一個人對工作充滿熱情，他能夠發揮出80%到90%的潛力；相反，若對工作缺乏興趣，則只能發揮20%到30%的能力。這意味著，能夠在工作中找到樂趣的人，更容易展現出色的表現，進而獲得更大的成就感。

艾瑞克是一名送貨員，從事物流配送多年。起初，他對這份工作並無特別的熱情，認為每天開著貨車穿梭在城市間只是例行公事。然而，當他決定改變自己的心態後，他開始把這份工作視為探索城市的一種方式。他會記錄每條街道的變化、發掘新的餐廳與商店，甚至與固定的客戶建立了良好的關係。

> 找到工作中的快樂

　　有一次，一位老客戶特意為他準備了一杯咖啡，感謝他總是準時送達貨品，還貼心地幫忙搬運。他這才意識到，自己的工作不只是運送貨物，更是在連結人與人之間的需求。從那天起，他不再覺得送貨只是例行公事，而是能夠帶來滿足感與成就感的職業。

　　這個改變讓艾瑞克的工作變得不再枯燥。他的客戶對他的服務更加信賴，甚至有客戶特意指定要由他來負責配送。這正是熱愛工作所帶來的正向影響。

　　一名廣播節目主持人曾經說過：「快樂的祕訣不是擁有最好的環境，而是學會在現有的環境中創造快樂。」

　　工作的本質不會改變，但我們對工作的態度卻可以改變。我們可以選擇抱怨工作的乏味與壓力，也可以選擇從日常任務中找到樂趣。例如，一名教師可以從學生的進步中感受到教學的價值；一名醫護人員可以從患者康復的笑容中獲得滿足；一名藝術家則可以透過創作來表達內心的熱情。

　　美國一名記者曾經到墨西哥的某個小鎮進行採訪，這天剛好是市集日，當地居民紛紛帶著自家種植的農產品到市集交易。他注意到一位老太太在販售檸檬，但銷售狀況並不理想。記者本想出於善意，把老太太的檸檬全數買下，好讓她能早點收攤回家休息。然而，老太太卻笑著說：「如果我現在就把檸檬全賣掉了，那我下午還能做什麼呢？」

第十章　用心工作，才能真正快樂

　　這句話讓記者頓時感到震撼，他意識到這位老太太並非只是在賣檸檬，而是將擺攤視為她生活的一部分，是她與社區互動、享受日常的方式。她並未因為生意冷清而沮喪，反而從工作中找到了樂趣與滿足。

　　許多人將工作視為單純賺取薪資的工具，但事實上，工作還能帶來成就感、歸屬感，甚至是自我實現的機會。如果我們總是以負面的態度面對工作，那麼即使工資再高，也難以從中獲得真正的快樂。

　　工作並非單純的勞動，而是一種參與世界、影響世界的方式。當我們投入熱情，找到其中的價值，工作將不再只是責任，而是一種令人享受的體驗。

不只是工作，也是事業

　　如果把工作僅僅視為賺錢的手段，甚至對自己的職業心存輕視，那麼工作將會變得枯燥乏味。然而，若能將工作視為事業來經營，一個人就會迸發出無限的熱情，並將潛能發揮到最大。當我們全心投入並不斷提升自己時，不僅能獲得成就感，職涯發展也將迎來更多可能性。

　　微軟創辦人比爾蓋茲曾說：「如果只把工作當作苦役，或者只專注於眼前的薪資，那麼即使是你最喜歡的工作，熱情也無法持久。但如果你將工作視為一項事業，整個局面就會完全不同。」

　　生活中，常有人抱怨工作內容單調、缺乏挑戰，甚至認為沒有發展前景。然而，真正的成就往往來自於對基礎事物的深耕，一個人若連最簡單的事情都做不好，又如何能夠勝任更重要的工作呢？

　　亞倫是一名餐飲業者，他從小就對烹飪充滿興趣，但因家庭環境因素，他只能從一家小餐館的學徒做起。起初，他的工作只是簡單地清理廚房、備料，這樣的日復一日讓許多同事感到枯燥，但亞倫卻選擇用心觀察每一道料理的製作過程，甚至在休息時間主動向資深廚師請教。

第十章　用心工作，才能真正快樂

　　他的努力沒有白費，短短兩年內，他從學徒變成助理廚師，並開始研發自己的菜單。後來，他憑藉精湛的技術和創意，被一家高級餐廳聘請為主廚，最終開設了自己的餐廳。亞倫回憶道：「如果當初我只是把這份工作當成一份領薪水的差事，而不是當作事業來經營，我不可能走到今天。」

　　不論工作起點如何，真正決定未來發展的，是我們對待工作的態度。如果用心投入，把工作當成事業經營，那麼每一個平凡的機會，都可能成為成就自我的踏板。

　　許多人在工作時，會有兩種截然不同的心態：

　　一些人認為自己只是為公司或老闆工作，他們心想：「我努力工作，但公司賺的比我多，我只是為了那份薪水而勞累。」這樣的想法，容易讓人產生怠慢情緒，覺得自己只是職場上的一顆螺絲釘，最終可能變得怠惰、缺乏進取心。

　　但另一部分人則認為，他們的努力是為了自己，透過工作獲取經驗、學習新技能、累積人脈，他們把這些視為自己的職業資本。他們明白，薪資固然重要，但更寶貴的是透過努力工作所獲得的成長與機會。這樣的心態，讓他們不論身處何種職位，都能全力以赴，最終為自己打開更廣闊的發展空間。

　　在一間建築公司裡，湯姆與卡洛斯是同期進入公司的兩名工程師。起初，他們的職務相同，負責監工與設計。但幾

> 不只是工作，也是事業

年過去後，湯姆仍在基層工作，而卡洛斯卻已經成為專案負責人，薪資和職位都有了顯著的提升。

兩人的不同發展，源於他們對工作的態度。湯姆認為自己只是公司的一名員工，只要完成主管交辦的工作，領取薪資就好，因此，他不會主動學習新技術，也不願意承擔額外的責任。而卡洛斯則抱持不同的想法，他認為自己不只是為公司工作，更是在累積自身價值。因此，他積極參與各類專案，主動學習新技術，不斷提升自己的能力。

五年後，公司正在尋找一名新的專案經理，管理層一致認為卡洛斯是最佳人選，因為他不只是為了薪水而工作，而是以事業的眼光經營自己的職涯。

成功並不取決於一開始的機會，而是如何對待手上的工作。那些把工作視為事業經營的人，往往能在競爭中脫穎而出。

心理學研究發現，在相同的條件下，影響工作表現的最大因素，是工作者的態度。如果一個人能夠熱愛自己的工作，以積極進取的精神投入其中，那麼他的表現往往會非常出色；相反，如果一個人對工作敷衍了事，那麼他的成就通常也非常有限。

當你把工作視為事業來經營，並且投入熱情與耐心，即便短時間內看不到回報，長遠來看，這種態度將為你累積無

第十章 用心工作,才能真正快樂

可取代的優勢。

如果一個人總是敷衍了事,他的懶散與消極會滲透到日常習慣,影響他的職涯發展。而那些真正投入、認真負責的人,則會一步步為自己打開成功的大門。

真正的職業幸福感,不是來自薪水的高低,而是來自於對工作的熱情與投入。如果你能夠熱愛你的工作,把它當成自己的事業來經營,那麼你的努力不僅能帶來物質回報,也會讓你的人生更加充實。

將每一次任務都當作是一次學習與成長的機會,將每一次挑戰都視為突破自我的契機,這樣的態度,將使你的職業生涯充滿無限可能。

好好規劃，讓工作更輕鬆

制定一個詳細且可行的工作計畫，能幫助我們明確工作的重要性，讓每一天的任務有條不紊地推進，不僅能夠減少壓力，也能讓我們更輕鬆地達成目標，甚至在職業生涯中取得更長遠的成功。

講求效率的人，總是懂得「先規劃後執行」的重要性。高效能的工作並非來自盲目加班或埋頭苦幹，而是在實踐中不斷優化工作方式，透過合理的安排來提升效率。當一個人有明確的計畫，就能避免時間被零碎的瑣事耗盡，確保精力用在最重要的事情上。

然而，許多人雖然每天忙碌，卻往往感覺不到成長與進步，甚至難以獲得升遷或更好的發展機會。這並不是因為他們不夠努力，而是因為缺乏明確的方向與計畫，使得精力被不必要的任務消耗，最終難以取得理想的成效。

羅伊是一家行銷公司的專案經理，每天進入辦公室後，他總是先處理電子郵件，接著參加臨時會議，再應對各種臨時交辦的事項。他的日程雜亂無章，沒有固定的規劃，導致他經常需要加班，卻仍然感覺工作量超出負荷。

某天，一位重要的客戶親自到公司拜訪，希望與他洽談長期合作。但當助理通知他時，他正忙著處理幾封不緊急的

第十章　用心工作，才能真正快樂

郵件，於是讓客戶「稍等一下」。然而，當他終於有空時，對方已經等得不耐煩，決定離開並轉向競爭對手合作。

這筆交易的流失，讓公司承受了巨大的損失，也讓羅伊的主管開始懷疑他的能力。最終，公司決定由另一位更擅長時間管理的同事接手他的職位，而羅伊則因此錯過了晉升的機會。

其實，羅伊並不是沒有時間，而是沒有妥善安排自己的工作。如果他在每天開始前，先列出待辦事項，依照優先順序執行，就能確保自己不會錯失重要的機會。

哈佛大學的研究顯示，成功人士並不一定比別人更加努力，而是他們懂得如何規劃時間，確保每一天的行程能夠最大程度地發揮效益。

彼得是一名企業顧問，曾受邀到一家科技公司提供管理建議，他向公司高層提出一個簡單但極為有效的方法：在每天結束前，寫下明天最重要的六件事情，並依照優先順序執行。

當這家企業的員工開始採用這個方法後，生產力顯著提升，內部流程變得更加流暢，整體業績在短短幾個月內提升了20%。這個簡單的時間管理方式，後來成為許多企業管理者愛用的策略，幫助他們在競爭激烈的環境中保持高效能的工作模式。

> 好好規劃，讓工作更輕鬆

一位成功企業家曾公開分享自己的時間管理習慣：「我每天早晨都會花 15 分鐘檢視一天的計畫，確保自己不會被無謂的瑣事拖累，然後專注於最能推動業務發展的工作。」

她的這個習慣，讓她能夠在短短十年內，將公司從一個小型品牌發展成全球知名的時尚企業。她的成功，不是因為她比別人更努力，而是因為她懂得如何妥善安排每一天的工作。

另一位企業家則認為：「如果你每天只是隨機應對工作，而不做計畫，那麼你永遠都會在滅火，而無法真正創造價值。」他的公司在導入這套時間管理策略後，整體效率提升了 30%，團隊成員的壓力也明顯降低，工作環境變得更加有條理。

安德魯‧卡內基（Andrew Carnegie）曾經分享他的時間管理策略：「我每天都會根據工作的重要性列出待辦事項，並且一次只專注於一項工作，直到完成。」

這個習慣，讓他能夠有效地管理龐大的企業事務，同時確保自己擁有充足的時間放鬆與享受生活。透過良好的時間規劃，他避免了讓自己被瑣事拖累，而能夠專注於最有價值的決策。

從這些案例我們可以發現，良好的規劃不僅能夠幫助我們提高效率，還能讓我們的職業發展更順利。如果我們能夠

第十章　用心工作，才能真正快樂

在每天開始前，先花一點時間思考並制定計畫，那麼整體工作將會變得更加有條理，甚至能讓我們更有餘裕應對突發狀況。

當一個人開始規劃自己的工作，他會發現自己能夠更快地完成任務，不再因為雜亂無章而感到焦慮。同時，也能夠更專注於真正重要的事情，確保自己不會錯失良機。

從現在開始，試著每天為自己制定一份清晰的工作計畫，讓你的工作更有方向。當你掌握了時間管理的技巧，你將會發現，原本繁忙而壓力重重的工作，竟然可以變得如此有條理，甚至充滿成就感與樂趣。

工作不只是薪水

金錢當然是生活的一部分,但如果只為薪水而工作,很容易讓自己陷入無止境的比較與不滿。相反地,當一個人專注於提升自己的能力,發掘工作的價值,並尋找職業的成就感時,財富自然會隨之而來。

當薪資累積到一定程度後,金錢的吸引力其實就不再那麼強烈。許多成功人士在職業生涯的初期,可能領取的薪水並不高,但他們從未因此而動搖對工作的熱情。他們熱愛自己的事業,即使沒有高額報酬,仍然全心投入,因為他們知道,當自己真正精通一項技能,並創造價值時,財富自然會隨之而來。

美國知名投資人華倫・巴菲特就是最好的例子。根據2002年彭博社(Bloomberg News)的報告,當時他的個人資產已經高達305億美元,但他的年薪卻只有33萬美元,甚至比許多矽谷的軟體工程師還要少。更令人驚訝的是,在長時間內,他的薪水一直維持在10萬美元的水準,遠低於一般企業高管的薪資標準。

當外界質疑他為何不提高自己的薪水時,他只簡單地回答:「不要為錢工作!」

第十章　用心工作，才能真正快樂

　　巴菲特的財富並非來自於他領取的薪資，而是來自於他對投資的熱情與遠見。他從小就對金錢的運作方式感興趣，並把賺錢視為一種樂趣，而不是單純的目標。他曾經為了進入夢想中的投資公司，甚至願意不領薪水，只為了學習與成長。這種對工作的熱情與專注，最終讓他成為全球最成功的投資家之一。

　　巴菲特的故事告訴我們，如果一個人能夠找到一個真正熱愛的工作，即使起薪不高，長遠來看，成功與財富仍然會降臨到他身上。

　　許多剛進入職場的年輕人，常常會把薪資作為衡量工作的唯一標準。他們希望自己一踏入社會，就能夠獲得高薪與重用，並且容易將薪水與個人價值畫上等號。當發現自己的薪資與同儕相比落後時，他們開始抱怨，對工作失去熱情，甚至產生消極怠工的心態。

　　然而，剛進入職場的年輕人，往往缺乏足夠的經驗與實力，即使他們的能力不錯，也很難在短時間內獲得高薪。真正決定薪資增長的，並不是一開始的數字，而是後續的表現與努力。

　　如果一個人過於執著於薪資，甚至認為「公司給多少錢，我就做多少事」，那麼這樣的心態很難讓他在職場上獲得真正的發展。他們可能會怠惰、應付工作，甚至選擇頻繁跳

槽,最終發現自己始終停留在原地,無法獲得真正的成長。

艾力是一名剛畢業的大學生,他在一家知名行銷公司擔任助理。進公司不久後,他憑藉優秀的表現,迅速得到主管的賞識,並負責幾個重要的專案。然而,當他發現自己的薪水與其他公司的同事相比較低時,他開始產生不滿。

他向主管提出加薪的要求,但主管表示,公司的薪資調整有固定制度,希望他能夠再多一些時間證明自己。然而,艾力並不願意等待,於是開始對工作敷衍了事,甚至主動尋找其他機會。

幾個月後,公司確實決定提升某個助理為專案經理,但這個機會卻落到了他的同事身上。艾力因為對薪資的不滿,而錯失了升遷的可能,最後他選擇離開,卻發現新公司雖然薪資較高,但工作環境與發展機會卻遠不如原來的公司。

這樣的故事在職場上屢見不鮮,很多人因為短視近利,而忽略了長期發展的重要性。如果艾力能夠專注於提升自己的能力,耐心等待機會,那麼他原本有可能成為公司的核心成員,獲得更好的薪資與職涯發展。

在現代職場中,很多人會陷入「薪資陷阱」,把注意力全部放在數字上,而忽略了工作的真正價值。這樣的心態,最終可能讓他們錯失更重要的機會,甚至讓自己的職涯陷入停滯。

第十章　用心工作，才能真正快樂

　　那些真正成功的人，並不是因為起薪高，而是因為他們對工作充滿熱情，並且願意投入時間與精力提升自己。他們明白，薪資只是工作的回報之一，真正決定未來的，是自己的能力與態度。

　　薪水固然重要，但更重要的是，在工作中累積經驗、提升能力、培養人脈。如果能夠專注於創造價值，那麼財富自然會隨之而來。真正的成功，不是來自於一開始的薪資，而是來自於對工作的投入與堅持。

　　當你開始不再過度計較薪水，而是專注於發展自己的能力與職業價值時，你會發現，工作變得更加有趣，職場發展也變得更加順利。而最終，真正的財富，也會因為你的努力與專業，而自然而然地來到你身邊。

第十一章
學習之道 ——
認真學，瀟灑玩

拋棄時間的人，時間也拋棄他。

―― 威廉・莎士比亞
（William Shakespeare）

第十一章　學習之道—認真學，瀟灑玩

時間就是金錢

在現實生活中，我們經常聽到人們抱怨自己沒有時間、運氣不好，或是無法成功。然而，真正決定一個人是否能夠實現目標的，不是外在條件，而是如何運用時間。時間是一種無法儲存的資源，每個人每天都擁有相同的八萬六千四百秒，區別只在於如何利用它。

成功的人將時間視為無價的資產，他們不會輕易浪費每一分每一秒，而是透過學習、成長與行動來讓時間發揮最大效益。而失敗的人，則往往沉浸於短暫的娛樂與拖延，最終一事無成。

亞倫是一名剛畢業的年輕人，對未來感到迷惘，總覺得自己缺少機會，無法獲得突破。有一天，他向一位成功的企業家請教，尋求人生的方向。

企業家聽完亞倫的困惑後，遞給他一張空白支票，對他說：「這是一張無價的資產，每天早上，你的時間帳戶都會被存入八萬六千四百秒。這筆資金不能累積，也不能挪作他用，唯一的選擇就是如何花費它。」

亞倫聽後陷入沉思。企業家接著說：「如果你浪費這些時間，就如同白白燒掉一張支票；但如果你將它投資在學習、努力與成長上，這筆資源將會在未來回報你無窮的價值。」

這番話讓亞倫開始重新審視自己的生活。他意識到,成功與否,並不取決於天賦或機會,而是取決於如何管理時間。他從那天起開始規劃每日行程,確保自己在有限的時間內做出最大的成就。

知名企業家伊隆・馬斯克以極端的時間管理能力聞名。他將每天的工作切割為五分鐘單位,確保每一刻都用在最有價值的事情上。他曾說:「人們總是高估了自己一天能做的事,但低估了自己一年能夠達成的成就。當你學會管理時間,每天進步 1%,一年後你會變得強大 37 倍。」

另一位時間管理專家,作家卡爾・紐波特(Cal Newport),則提倡「深度工作法」(Deep Work),即透過高度專注與無干擾的學習,提高效率。他認為:「成功並不是來自於你每天做多少事,而是來自於你是否能夠真正專注於高價值的任務。」

莉莎是一名科技新創公司的創辦人,剛開始創業時,她每天都覺得時間不夠用,總是被無數的會議與郵件淹沒,導致工作效率低下。然而,當她開始實施有效的時間管理策略後,她的生活與事業都發生了重大變化。

她決定每天早晨列出當天最重要的三件事,並將最有創造力的時段保留給最關鍵的工作。同時,她學會拒絕無效的會議,並利用計時器來保持專注,讓自己在短時間內完成更

第十一章 學習之道—認真學，瀟灑玩

多事情。

幾個月後，她的工作效率提升了近50%，公司營運狀況也隨之改善。她意識到，時間的價值並不在於「多做」，而在於「做好」。

許多成功人士都深知時間的重要性，他們不僅避免浪費時間，還懂得如何最大化利用時間來提升自己的競爭力。

企業家歐普拉·溫芙蕾每天安排固定的閱讀與冥想時間，確保自己持續學習與成長。她曾說：「當你投資時間在自己身上，你的價值就會不斷增長。」

科學家瑪麗·居禮（Marie Curie）將所有的零碎時間用於研究與實驗，最終發現了釙與鐳，改變了世界。她深信：「時間是科學家最珍貴的工具，每一秒都可能帶來新的發現。」

日本作家村上春樹每天堅持固定的寫作時間，他認為：「成功來自於日復一日的積累，而非靈感的瞬間爆發。」

時間是一種無法購買、無法回收的資源。許多人把時間浪費在無意義的消遣與拖延上，結果發現自己年紀增長，卻一無所獲。相反，那些懂得規劃與利用時間的人，則能夠持續進步，最終實現目標。

真正有智慧的人，不會浪費生命的每一秒鐘。他們會選擇投入學習、鍛鍊能力、提升自己，因為他們知道，當時間用在正確的地方，未來將會回報給他們無限的可能。

> 時間就是金錢

　　無論是求學、工作、創業,甚至是生活中的點滴,時間的運用都決定了我們的成就與幸福。珍惜時間,才能真正掌握人生,創造屬於自己的價值。

第十一章　學習之道─認真學，瀟灑玩

今日事，今日畢

　　許多人都有這樣的經驗：明明知道該完成某件事，卻總是找理由拖延，心想「等準備好了再做」或「明天再說」。然而，現實卻是，明天往往有新的挑戰，昨天的事情被一再延後，最後變成壓力堆積如山，甚至錯失良機。

　　成功的人與平庸之人的最大區別之一，就是是否能夠即時行動。當我們習慣於把今天的事留到明天，拖延就會成為一種惡習，影響效率與成就；相反，當我們養成「今日事，今日畢」的習慣，會發現自己更有條理、更有成效，成功也會比想像中容易。

　　艾莉絲是一名熱愛寫作的學生，計畫在畢業前完成一本小說，然而她總覺得自己還沒準備好，於是每天告訴自己：「明天再開始寫。」這樣的念頭日復一日，結果直到畢業前夕，她的小說仍只停留在構思階段。她看著同學們發表作品、獲得出版機會，而自己卻因為拖延錯過了最好的時間。

　　這讓她意識到，真正阻礙她的並不是能力不足，而是自己不願開始的拖延心理。後來，她改變了自己的做事方式，每當有計畫，就立即著手進行，不再等待「最佳時機」。結果，她很快完成了第一本小說，並成功投稿出版。

　　這個經驗讓她深刻體會到：「行動勝於完美」，因為如果

> 今日事，今日畢

總是等待萬事俱備，機會往往已經流逝。

知名企業家曾說：「如果你等到一切準備就緒才行動，那麼你可能永遠無法開始。」

這句話說明了一個重要的道理——世界上沒有完美的時機，機會永遠屬於那些願意立即行動的人。

一位科技業的創業者，在產品尚未完全成熟時，就決定先推出市場測試，結果發現用戶的回饋讓他能夠迅速改進產品，最終比競爭對手更早搶占市場。反之，某些企業過度規劃、等待「最佳時機」，卻因市場變化而錯失黃金機會。

拖延並非天生，而是一種習慣，而習慣是可以改變的。當我們遇到需要完成的事情，最好的做法就是立即採取第一步，即便只是小小的開始，也能推動自己前進。

如果你想學習一門新技能，不要等到「有空再學」，現在就打開教學影片開始學習；如果你需要完成一份報告，不要等靈感湧現，先寫下一個大綱，慢慢延伸；如果你有運動計畫，不要等到「狀態好時再開始」，現在就起身做幾個伸展動作。

每一次的立即行動，都是對抗拖延的一次勝利。而這樣的習慣，將累積成日後的成就。

成功的人懂得掌握當下，而不是把希望寄託在遙遠的「未來」。許多人的夢想與計畫，並不是因為難度太高而失

第十一章　學習之道—認真學，瀟灑玩

敗，而是因為從未真正開始。當我們意識到拖延的代價，並開始改變做事方式，未來將變得更加可控，也更有可能達成目標。

所以，不要讓拖延成為你的絆腳石。從現在開始，凡事立即行動，你會發現，成功其實比你想像的更近一步。

勤奮是成功的基石

　　成功的背後，往往是持續不懈的努力，而懶惰則是通往失敗的捷徑。無論在哪個領域，想要實現夢想，就必須付出行動和時間。如果選擇貪圖安逸、不願意努力，那麼最終只能收穫悔恨與失落。

　　在一家知名的金融顧問公司裡，傑克和萊恩同時進入公司擔任分析師。傑克在學校成績優異、思維敏捷，而萊恩則是默默努力、不斷學習的那類人。

　　起初，傑克仗著自己的天賦和過去的榮譽，認為自己比萊恩優秀，因此對於額外的學習和進修不以為然，總是抱著「之後再學」的心態，把時間浪費在娛樂和社交上。相反，萊恩雖然起步較慢，但他每天都花時間鑽研市場趨勢、學習新的投資策略，不斷提升自己的能力。

　　幾年後，公司進行內部晉升評估，萊恩的綜合能力已經遠超傑克，成功晉升為資深顧問，而傑克則因能力停滯不前，被認為不適合升遷，甚至面臨被裁員的風險。他這才驚覺，自己當初的懶散讓他錯失了許多學習與成長的機會。

　　天賦固然重要，但持續的努力和學習才是決定未來成就的關鍵。成功從來不會降臨在等待機會的人身上，而是屬於那些願意為之努力的人。

第十一章　學習之道—認真學，瀟灑玩

瑪莉亞是一名建築設計師，剛進入業界時，她的設計能力並不突出。但她從不認為自己能力不足，而是比別人更加努力，每天主動學習最新的建築技術，參加研討會，不斷提升自己的專業水準。

當公司接到一個重要的國際專案時，資深設計師們都認為難度太大而推辭，而瑪莉亞卻主動爭取機會，憑藉她累積的專業知識與實戰經驗，成功拿下專案。她的努力不僅讓公司獲得了良好的國際聲譽，也讓自己晉升為公司最年輕的部門主管。

真正的機會並不會憑空出現，而是來自於持續的準備與努力。當機會降臨時，只有準備充足的人才能抓住它，創造自己的成功。

哈佛大學的一位教授曾說：「今天的懶惰，就是明天的悔恨。」在哈佛的校園裡，你永遠看不到學生浪費時間。他們深知，如果現在不努力，將來的選擇權就會越來越少。

同樣地，在職場與生活中，那些選擇偷懶、拖延、不思進取的人，往往會發現自己被社會淘汰。當別人已經累積了豐富的經驗、技能，而自己卻仍在原地踏步時，這種落差帶來的不是舒適，而是焦慮與後悔。

成功不是偶然，而是長期努力的結果。如果你希望未來有所成就，就要從現在開始養成勤奮的習慣，把握每一個學

> 勤奮是成功的基石

習與成長的機會。

當我們選擇努力,雖然過程可能會有些艱難,但當回顧過往時,我們會為自己的堅持感到驕傲。而選擇懶惰,當時間流逝後,留下的只會是「如果當初更努力一點就好了」的遺憾。

所以,不要讓今天的偷懶成為未來的悔恨,讓勤奮成為你成功的基石,創造更幸福的人生!

第十一章 學習之道—認真學，瀟灑玩

學習不止

　　學習不僅是獲得知識的過程，更是適應世界變遷、拓展視野的關鍵。在這個變化快速的時代，只有持續學習，才能提升競爭力，迎接挑戰。終身學習不再只是選擇，而是每個人維持職業競爭力與生活品質的必備能力。

　　根據研究，現代人的資訊接收量已超過過去數百年的總和，且許多專業領域的知識「半衰期」大幅縮短，平均僅五到七年。也就是說，假如我們不持續進修，五年內所學的知識可能就已過時。這使得終身學習不僅是一種觀念，更是一種生存法則。

　　艾瑞克是一家科技公司的資深技術員，專精於電腦維修與基本程式設計。他在業界擁有近十年的經驗，但隨著科技發展，傳統技術支持的需求減少，人工智慧（AI）技術卻迅速崛起。當公司宣布將導入 AI 技術，艾瑞克意識到，假如不學習新技術，他的職位將變得岌岌可危。

　　與其等待被淘汰，艾瑞克決定主動學習。他開始自修 Python 程式語言、參加線上課程，並在業餘時間研究機器學習的應用。他甚至主動請求參與公司 AI 專案的測試，即便最初只是負責簡單的資料整理。

　　兩年後，當公司需要擴編 AI 部門時，艾瑞克因為擁有豐

富的基礎技術背景和 AI 技能,被晉升為 AI 技術顧問,薪資也比原來高出一倍。而曾經的幾位同事,因未能跟上技術變遷,只能被迫轉職或離開公司。

學習能力比現有的知識更重要。無論過去的經驗多豐富,若不持續進修,終究會被時代淘汰。

在哈佛大學的一堂畢業前課程中,教授曾對學生說:「你們以為這是你們最後的考試,但事實上,這只是你們學習生涯的開始。」學習不會因為畢業而結束,真正的教育,是持續不斷的自我精進與適應變化。

楊琳是一名專業護理師,長年在醫院急診室工作。雖然她的臨床經驗豐富,但她發現,醫療科技的進步讓許多傳統護理方式逐漸改變,例如遠距醫療的興起、AI 診斷技術的應用,這些都在改變護理的模式。

起初,她對這些科技感到陌生,甚至抗拒,覺得護理應該專注於病人,而非科技設備。但當她發現許多年輕的護理師已經開始學習如何操作 AI 輔助診斷系統時,她開始意識到,如果自己不跟上變化,未來可能會無法適應新的工作環境。

於是,她利用下班時間參加醫療科技的研討會,學習如何操作 AI 診斷系統,並且主動向醫師請教如何解讀新型數位化病歷。幾個月後,醫院在內部選拔「智慧醫療專案」的負責

第十一章　學習之道—認真學，瀟灑玩

人，楊琳因為對傳統護理與新科技都有所掌握，成功獲選，還獲得進一步的進修機會。

這不僅讓她在專業領域保持領先，也提升了她的工作滿足感。她發現，科技並不是她的敵人，而是可以讓她更有效率地照顧病人的工具。這讓她體悟到，學習不只是為了適應職場，更是為了讓自己成為更優秀、更有價值的人。

學習不僅是獲得知識，更是一種思考方式。當我們願意學習，願意接受新事物，就能找到更多機會，發掘自身的潛能。

「三人行，必有我師。」每個人都有值得我們學習的地方，無論是知識、技能，還是人生經驗，保持謙虛的學習心態，將讓我們的成長道路更加寬廣。

在這個資訊爆炸的時代，只有持續學習，才能在瞬息萬變的世界中保持競爭力。無論我們的年齡、職業或背景如何，都應該讓學習成為一生的習慣。

知識沒有終點，學習也不該有界限。當我們願意擁抱新知，開放思維，世界也會為我們開啟更多的可能性。

專注於一個領域

　　人生的成功並非來自於四處碰運氣，而是專注於一件事，並持之以恆地深耕其中。許多人在追求成就的過程中，總是不停地更換方向，做了一行又換另一行，結果時間過去了，卻發現自己始終沒有真正扎根，反而在不同領域裡浮浮沉沉，始終無法累積出真正的競爭力。

　　有一名年輕畫家，從小便展現出繪畫天賦，他的老師對他的未來充滿期待。然而，當他開始職業生涯後，他發現素描太過單調，於是開始嘗試水彩；水彩畫了一段時間，他又覺得油畫才是更高級的藝術；學習油畫之後，他被雕塑所吸引，決定投入雕刻領域。幾年後，他發現自己雖然學過很多技藝，卻沒有一項能夠真正出類拔萃。相比之下，他的同學專注於一種技法，持續創作，最終成為藝術界備受矚目的畫家，而他自己卻始終停留在起步的階段，徒留才華卻無法施展。

　　成功需要耐心與深耕，浮躁的人總是羨慕別人的成就，卻沒有意識到每一個成功者都是從一個小小的點開始，長時間投入與累積，才讓自己站穩腳步。世界上最珍貴的泉水來自於深井，只有不斷向下鑽研，才能找到真正取之不盡的資源。

第十一章　學習之道—認真學，瀟灑玩

　　史蒂夫・賈伯斯就是最好的例子。他並非技術專家，但他對於產品設計和使用者體驗的執著，使得蘋果公司成為全球最具創新的企業之一。在創立蘋果公司後，他並未因為市場的變化而頻繁轉換跑道，而是專注於科技與設計的結合，從電腦到音樂播放器、智慧型手機，再到平板電腦，他始終堅守自己的核心理念，即「將科技與藝術完美結合」。即便在1985 年被趕出蘋果公司，他也沒有放棄，而是創立了 NeXT 公司，持續深耕電腦技術，最終被蘋果收購並重返領導崗位，帶領蘋果進入巔峰時期。他的一生證明了專注於一個領域、持續精進，才能真正改變世界。

　　另一個著名的案例是 J・K・羅琳。她並非是一開始就成功的作家，甚至在創作《哈利波特》之前，她的人生充滿了挫折與挑戰。從被出版社拒絕 12 次，到靠社會補助金撫養女兒，她從未放棄寫作，始終堅信自己的故事能夠被世人接受。最終，憑藉對魔法世界的專注與不懈努力，《哈利波特》系列成為全球最暢銷的小說之一，影響了無數讀者。如果她當初因為挫折而放棄寫作，選擇轉行做其他工作，那麼世界上可能就不會有這個奇幻經典。

　　還有一位典型的代表是李安。在成為世界級導演之前，他曾經有六年的時間找不到正式的導演工作，只能依靠妻子工作養家。他並未因為經濟壓力而轉行，或是去做自己不擅長的事情，而是選擇堅持自己的導演夢想，利用這段時間不

> 專注於一個領域

斷精進自己的劇本寫作與電影技術。最終,他憑藉執導的《推手》、《喜宴》獲得關注,後來更以《臥虎藏龍》、《少年 Pi 的奇幻漂流》等作品登上奧斯卡的舞臺。他的成功,不是來自於嘗試各種不同的職業,而是來自於對電影的長期投入與堅持。

　　許多人在人生的岔路口猶豫不決,總覺得「也許這條路更好」、「也許那個選擇更輕鬆」,於是頻繁改變方向,卻忽略了真正的成功來自於長期的累積。專注於一件事,才能真正將它發揮到極致。當你感到迷茫時,請記住,成功不在於選擇最多,而在於對選擇的堅持。你挖的每一鏟土,都是為了讓成功的泉水湧現,而那些在各處淺挖的人,最終將一無所獲。

第十一章　學習之道―認真學，瀟灑玩

壓力也可以是動力

壓力無所不在，無論是工作、學業，還是家庭與社會期許，都可能成為我們肩上的負擔。然而，壓力並非完全是負面的，它可以是讓人崩潰的重擔，也可以是推動人前進的動力，關鍵在於我們如何面對它。當壓力來臨時，逃避無濟於事，只有用正面的態度去調適，才能將它轉化為成長的契機。

英國前首相溫斯頓・丘吉爾曾說：「成功就是從一個失敗走向另一個失敗，而不喪失熱情。」這句話正說明了如何在壓力下依然能夠奮進，持續朝向目標邁進。

在體育界，最具代表性的例子之一便是柯比・布萊恩（Kobe Bryant）。在他的籃球生涯初期，他曾在關鍵比賽中連續投失多球，遭到球迷與媒體的猛烈批評。然而，他沒有因此自怨自艾，而是選擇承受壓力，將其轉化為動力，每天凌晨四點便開始訓練，不斷磨練自己的技術。正是這種將壓力內化為動力的精神，使他最終成為 NBA 歷史上最偉大的球員之一。

在商業界，也有許多領袖人物是在巨大的壓力下淬煉出卓越成就的。特斯拉與 SpaceX 創辦人伊隆・馬斯克便是其中之一。在 SpaceX 成立初期，連續三次火箭試射失敗，公司

> 壓力也可以是動力

資金幾乎耗盡，投資者紛紛質疑他的能力。但在這樣的壓力之下，馬斯克沒有選擇放棄，而是將所有的資源與心力投入到第四次試射，並成功讓火箭升空，扭轉公司命運。他深知壓力是成功道路上的必然挑戰，因此他選擇迎難而上，最終讓 SpaceX 成為全球領先的太空探索企業。

即便在日常職場中，也有許多成功人士是靠著化壓力為動力來突破自我。例如，美國前第一夫人蜜雪兒‧歐巴馬（Michelle Obama），她在進入普林斯頓大學時，因為是來自工人階級的非裔女性，時常感受到來自周遭的壓力與質疑。然而，她沒有因此退縮，而是更加努力學習，最終不僅進入哈佛法學院，還成為美國歷史上最具影響力的第一夫人之一。她曾說：「當人們低估你時，這正是你展現自己的機會。」

壓力是人生中不可避免的考驗，然而，當我們學會將它轉化為推動自己的力量時，便能夠在挑戰中成長，邁向成功的道路。正如馬斯克、柯比、蜜雪兒‧歐巴馬等人所展現的，他們並非沒有遇過壓力，而是懂得如何駕馭壓力，讓它成為助力，而非阻力。因此，當壓力來臨時，與其被它壓垮，不如挺身迎戰，讓壓力成為前進的燃料，驅動我們邁向更高的境界。

第十一章　學習之道─認真學，瀟灑玩

第十二章
健康為本,打造幸福人生

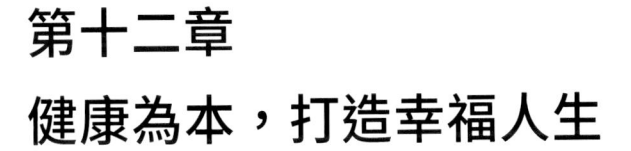

　　健康的身體乃是靈魂的客廳,有病的身體則是靈魂的禁閉室。

　　　　——法蘭西斯・培根(Francis Bacon)

第十二章　健康為本，打造幸福人生

健康，是最珍貴的財富

健康是一切成就的基礎，沒有健康的身體，即便擁有再多財富與成就，也無法真正享受人生。正如美國詩人愛默生所說：「健康是智慧的條件，是愉快的代表。」許多頂尖企業家、運動員與藝術家，都將健康視為長遠成功的關鍵，因為身心的穩定與強健，能夠確保他們在事業上持續發揮創造力與決策力。

然而，許多人在年輕時過度消耗健康，等到身體發出警訊時才後悔莫及。長期熬夜、缺乏運動、壓力過大，都是現代人常見的健康隱憂。真正成功的人懂得提早規劃健康管理，將維持身心平衡當作終身的課題。

紐西蘭前總理賈辛達・阿爾登（Jacinda Ardern）以高效能的領導力著稱，然而，她在擔任總理期間面對極大的壓力，從應對恐怖攻擊、全球疫情，到處理國內經濟問題，壓力無處不在。她曾表示，維持身心健康是她能夠穩定領導國家的關鍵。阿爾登堅持規律運動，透過跑步來舒緩壓力，並強調良好的睡眠習慣。她認為，領導者若無法維持良好的身心狀態，將無法做出正確決策。

在娛樂圈，奧斯卡影帝馬修・麥康納（Matthew McConaughey）以自律的生活方式著稱。他的事業高峰期橫跨 20 多年，從好萊塢浪子形象轉變為獲獎無數的演員，他的成功與身心管理密不可分。麥康納每天清晨固定冥想、寫日記，並透過跑步與瑜珈保持體能。他曾在訪談中提到：「如果我沒有好的身體與心態，我的創造力就會下降，我的表演也會失去靈魂。」他的健康管理方式，成為許多年輕演員學習的榜樣。

運動員的職業生涯通常短暫，但有些人能夠打破年齡的限制，持續維持巔峰表現。西班牙足球傳奇球星安德烈斯．伊涅斯塔（Andrés Iniesta），即便在 30 多歲時仍活躍於球場，他的祕密在於健康管理。他從年輕時便開始注重營養與睡眠，並透過適量的休息來讓身體維持最佳狀態。他也經常練習冥想，以確保在比賽中保持冷靜與專注。他曾說：「健康不只是體能，心理素質同樣重要，唯有平衡，才能延續職業生涯。」

科技界的創新者往往面對高壓的工作環境，但許多領導者仍能在緊湊的行程中找到健康管理的方式。馬斯克以繁忙的行程聞名，他的工作時間幾乎填滿整天，然而，他仍堅持每天運動，確保身體不被長時間的壓力擊垮。他認為：「身體是一臺機器，必須透過運動來維持運作，否則它就會開始退化。」

第十二章　健康為本，打造幸福人生

　　健康的價值無法用金錢衡量，因為一旦失去，無論擁有多少財富都難以挽回。因此，成功人士無一不將健康視為終身的投資。他們深知，唯有良好的身心狀態，才能確保事業與生活的長久穩定。

　　簡單的運動習慣，如每天步行 30 分鐘、適量重量訓練，以及培養健康的飲食與睡眠習慣，都是確保健康的關鍵。真正的成功，不只是財富的累積，而是在擁有健康的狀態下，享受人生的每一天。

運動，讓幸福更長久

　　運動對維持身體健康和心理幸福有著無可取代的重要性。身體健康不僅能讓人們感到自信與快樂，也能有效降低負面情緒，如焦慮與憂鬱。哈佛大學曾發表研究指出，規律的有氧運動能顯著改善人的情緒狀態，增強自信心與壓力承受能力。當我們透過運動逐漸改善體能與心理狀態時，就能發現原本沉悶的日子也逐漸煥發出光彩。

　　現代人普遍面對生活節奏快速、競爭激烈的環境，加上工作型態久坐少動，交通工具便利，使許多人逐漸忽略了日常活動的重要性。世界衛生組織（WHO）指出，全球每年約有 200 萬人因缺乏運動而導致過早死亡，長期缺乏運動會導致免疫力下降，更易感染疾病，也更容易出現肥胖、高血壓及心臟病等健康問題。此外，國際兒科學術期刊曾發表研究表示，運動量不足的兒童，大腦的認知發展也較為緩慢，顯示運動不僅有助於身體健康，也與認知能力發展息息相關。

　　另一方面，美國心臟協會（American Heart Association）多次研究證實，有氧運動能夠有效增強心肺功能，促進血液循環，增加身體新陳代謝效率。運動的過程中，人體會消耗過多的脂肪，預防肥胖與動脈硬化的發生，從而降低罹患心血管疾病的風險。透過規律的運動鍛鍊，人體能逐步調節心

第十二章　健康為本，打造幸福人生

率，減輕心臟負擔，達到預防疾病並延長壽命的效果。

知名網球選手諾瓦克・喬科維奇（Novak Djokovic）便是一個典型案例。喬科維奇在職業生涯初期，常因身體狀況不穩定而無法發揮最佳水準，甚至多次在比賽中途因為身體不適而退出賽事。然而，經過醫療檢查後，他發現自己必須透過更嚴格的飲食與運動訓練來改善健康狀況。自2010年起，他改變飲食習慣，並大幅加強身體訓練，例如瑜珈、有氧運動與高強度間歇訓練（HIIT）來提高身體素質。

經過長時間的自律與努力，他不僅解決了身體狀況的不穩定性，還成功地登上了網壇世界第一的寶座。喬科維奇透過持續的鍛鍊與飲食控制，將運動成為生活中的重要一環。他在自傳《一發制勝》（Serve to Win）中分享道：「我之所以能達到巔峰狀態，正是因為運動讓我身心健康，也為我提供了無盡的自信與力量。」他的故事充分說明，持續規律的運動與健康的生活型態，不僅有助身體健康，更是改變一個人命運的關鍵。

運動對人類的貢獻，不僅止於強壯的身體，更有助於塑造堅毅的心靈與正向的人格。透過運動，能培養人們面對挑戰的勇氣，學習如何面對失敗與挫折，建立起內心的韌性與自信。

英國奧運田徑選手莫・法拉（Mo Farah）便是一個經典案例。他從年輕時便開始積極參與田徑運動，不過職業生涯初

期成績平凡,多次在重大國際賽事中失利。儘管遭遇挫折,他卻從未放棄,反而增加訓練強度,並嚴格執行自我紀律。他在自傳中提到:「每一次失敗都促使我更努力練習,每一次練習的疼痛都教會我堅持。」終於在 2012 年倫敦奧運,莫・法拉連續奪得 5,000 公尺與 10,000 公尺金牌,成為奧運史上最具代表性的田徑傳奇人物之一。透過運動,他的意志與耐力被不斷鍛鍊,不僅造就了他在運動場上的輝煌,更教會他面對人生時永不言敗的精神。

儘管許多人知道運動的好處,卻不知如何開始將運動融入生活。其實,要維持規律運動並不困難,只需從日常生活的小細節開始即可。例如上下班時嘗試走路或騎單車,減少汽車使用頻率;將午休時間利用起來,進行散步或簡單的伸展運動;假日與家人一同到戶外登山、游泳或參與球類活動,都是增加運動量的好方法。此外,設定簡單而具體的目標,例如每週固定運動三次,每次三十分鐘,並持續記錄自身的進步,這樣的動作能有效提高運動動機與執行力。

健康的體魄與樂觀的心態,是人們追求幸福人生的重要條件。透過持續的運動鍛鍊,不僅能夠提升體能、增強健康,還能塑造正向、堅韌的心理素質,這對於現代社會的競爭與挑戰尤為重要。運動不僅是維持健康的手段,更是創造幸福生活的必要條件,讓我們從現在開始,養成運動的好習慣,為自己打造一個更快樂、更充滿活力的人生。

第十二章　健康為本，打造幸福人生

適當的宣洩如排毒

在現代快速的都市節奏中，人們每天面對龐大的壓力，尤其是職場壓力。長期的負面情緒如果無法有效抒發，極可能演變成焦慮症或憂鬱症。因此，學習適當排解情緒是每個人必須具備的重要能力。

美國哈佛大學心理學教授丹尼爾·高曼（Daniel Goleman）指出，情緒若一直積壓在內心，不僅會導致心理疾病，也會影響身體健康，適當的情緒宣洩，如適度地表達憤怒，反而有利於心理的恢復和平衡，降低攻擊行為的發生。因此，有效的情緒宣洩對健康至關重要。

某知名科技公司曾面對員工對薪資待遇、工作環境的普遍不滿情緒，影響了團隊合作及生產效率。為解決此問題，公司管理層開始實施「員工情緒管理計畫」，以定期談話的方式，主動傾聽員工內心的抱怨和需求，並盡可能改善相關措施。經過數月的持續溝通後，員工心理壓力得到紓解，工作效率與團隊士氣都得到明顯提升，證明合理的情緒宣洩確實對心理健康及工作表現有益。

美國第16任總統林肯，在處理個人情緒方面有一套有效的方法。他曾告訴國防部長愛德溫·史丹頓（Edwin Stanton),若遭遇對方不合理的批評,可以先寫一封措辭嚴厲的信回應,以發洩心中不滿,但寫完之後不要寄出,直接燒掉。

林肯指出,書寫過程能幫助宣洩情緒,待怒氣消減後再理性回應,就能避免意氣用事造成的衝突。林肯的建議後來被廣泛應用於現代心理治療,稱作「書寫療法」(Writing Therapy),被證實可有效降低心理壓力,改善情緒問題。

以下是三個有效宣洩壓力的實用方法:

一、盡情哭泣,讓情緒自然釋放

英國精神醫學家指出,哭泣是一種天然且健康的情緒釋放方式。研究發現,經常哭泣的人心理壓力較低,且有更低的罹患高血壓或憂鬱症的風險。因此,面對壓力時,不妨允許自己透過哭泣釋放情緒。

二、向親近的人傾訴心聲

哲學家培根曾說:「把快樂與人分享會加倍快樂,而將憂愁向他人傾訴則能減輕一半的憂愁。」向朋友或家人傾訴內心的壓力與煩惱,不僅能有效宣洩情緒,更能透過他人的支持和建議,重獲心靈上的平衡。

第十二章　健康為本,打造幸福人生

三、以寫作方式宣洩壓力

心理學研究已證實,書寫有助於釋放壓力及調節情緒。美國德州大學心理學教授詹姆士・潘尼貝克(James Pennebaker)的研究發現,透過記錄壓力來源和自身情緒的寫作方式,可以有效降低焦慮情緒,並提高解決問題的能力。

情緒的宣洩雖然有助心理健康,但必須遵守基本原則,亦即不能因為自身的不良情緒而傷害他人利益或情感,尤其應避免在公共場合進行過激的宣洩行為。情緒的釋放最好選擇在私密的空間,以不影響他人為前提進行,這樣才能真正達到情緒調節與心理平衡的效果。

現代人若想維持身心健康,必須學習適當的方法釋放內心的壓力與情緒。透過哭泣、傾訴、書寫等方式,不僅能有效降低心理負擔,也能使工作效率和人際關係獲得改善。因此,學會情緒管理,是當代每個人都需要重視的重要課題。

放慢腳步,品味人生

現代人在追求速度時,逐漸失去了對物質和精神需求的真實感受。其實,在忙碌奔跑的過程中,也可以偶爾停下來,嘗試一種慢節奏的生活。

現代社會講求效率,一切都要快速達成。然而,速度快並不代表真正的效率高。加拿大新聞作家卡爾·奧諾雷(Carl Honoré)在《慢活》(In Praise of Slow)一書中指出,人們過於追求速度,反而忽略了人生真正的意義,生活變得膚淺且焦慮。因此,我們該學習的是如何在速度和效率之間找到平衡,培養對生活的韌性與耐心。

暢銷書作家米蘭·昆德拉(Milan Kundera)在《慢》(Slowness)這本小說中描寫道:「當人們匆匆奔跑的時候,往往忘了為什麼出發。」現代人不斷忙碌,只為了快速達到某個目標,卻忽視了沿途所經歷的美麗與感動。生命不是一場單純的競賽,而是值得細細品味的旅程。

根據美國心理學會(APA)公布的研究顯示,許多現代人都患有「匆忙症候群」(Hurry Sickness),典型症狀是過於著急完成所有事務,容易焦慮、暴躁,甚至引起生理健康問題,例如高血壓或失眠。這種情況在職場人士身上特別明顯,長期下來,身心容易疲累而失去平衡。

第十二章　健康為本，打造幸福人生

科技大廠主管李明哲因長期在高度競爭環境下工作，薪資不斷提高，卻逐漸失去生活樂趣。他總是嫌辦事效率不夠快，等不到客戶回覆就焦躁不安，甚至因停車場繳費機故障，多等待兩分鐘就會爆發情緒。他坦承，自己長期陷入忙碌卻毫無成就感的狀態，生活失去意義，最後經由醫師建議，才決定嘗試調整生活節奏，開始學習慢活。經過一段時間後，他明顯感到情緒較穩定，工作效率反而提高許多。

許多人將忙碌視為生活的唯一方式，但事實上，生命中充滿許多細微的美好。每當你過於急躁時，這些美好便容易錯過。其實，不妨試著慢下來，品味一下生活當中的每個小細節。

那麼，該如何過慢節奏的生活呢？

一、讓音樂融入生活

美國心臟協會研究指出，舒緩的音樂能有效降低血壓與減緩心跳，幫助身體放鬆。壓力大的時候，聽聽自己喜歡的音樂，可以讓心情平靜許多。

二、停止頻繁地看時間

許多人總是不斷檢查時間，無意中增加了焦慮感。試著減少盯著鐘錶的頻率，把注意力放在當下，會讓你更能享受眼前的事物。

三、偶爾發個呆

《美國心理學家》(American Psychologist)指出,短暫發呆能促進大腦創造力並減緩壓力。做個白日夢,想像自己處於愉悅環境中,有助於釋放內心壓力。

四、享受簡單傳統的生活

偶爾動手烹飪、園藝,或是寫一封親筆信,都是慢活的好方式。避免匆匆吃飯的習慣,留點時間為家人或自己準備一頓美味佳餚,你會感到格外滿足。

五、每天給自己「什麼也不做」的十分鐘

美國史丹佛大學的研究建議,每天留出十分鐘,讓自己什麼也不做,只單純坐著發呆,不想其他事情,能有效調整身心平衡,減緩焦慮與壓力。

六、放下完美主義的束縛

哈佛大學心理學家塔爾‧班夏哈(Tal Ben-Shahar)在其著作《更快樂》(Happier)中提醒,完美主義容易造成持續的焦慮和不安。其實,很多事情只要用心去做,不需要完美無缺,就能感受到其中的喜悅。

第十二章　健康為本，打造幸福人生

現代人不需要時時刻刻奔跑，偶爾慢下腳步，反而能體會到更多生活的真實感受。透過放慢速度，重新感知周圍的世界，生活將變得更加豐富且美好。。

培養興趣，日常不再一陳不變

豐富多彩的業餘愛好能讓人生更為精彩。不論是物質或事業方面的成功，若少了精神世界的豐盈，都可能顯得枯燥乏味。業餘愛好不只是生活的點綴，更能幫助我們找到心靈的寄託，讓人生擁有更深厚的內涵。正如美國心理學家契克森米哈伊‧米哈伊（Mihaly Csikszentmihalyi）所說：「當人沉浸在自己喜歡的事情中，就能進入一種『心流』的狀態，內心感到平靜與幸福。」

現代人總是忙碌不停，壓力與焦慮已經成為現代人的共同特徵。如果生活中只剩下工作與壓力，那麼就如同一根永遠緊繃的弦，終究會失去彈性。業餘愛好是日常生活中的一種放鬆方式，提供我們暫時擺脫工作與壓力的機會。正如著名心理學家卡爾‧榮格所言：「興趣與愛好能療癒人心，讓心靈獲得深度休息與恢復。」

工作雖然重要，但生活不能只有工作。近年美國心理學會的一項研究發現，工作之餘若能培養良好的業餘愛好，能顯著提升心理健康及生活滿意度，甚至能改善專業表現，讓人更有創造力。因此，職業與興趣愛好應取得良好的平衡，生活才能真正豐富與幸福。

第十二章　健康為本，打造幸福人生

　　建宇在科技公司擔任工程師，原本每天忙於處理大量工作，卻逐漸感覺人生越來越空虛。偶然間，他開始接觸木工手作，每到假日便沉浸在工作室，專注於製作家具和木製小物。起初只是單純為了放鬆心情，但隨著手作技巧的精進，身邊朋友逐漸肯定他的作品，更有人願意高價購買他的設計。後來，他甚至將這項愛好發展成副業，建立自己的品牌，人生變得更加充實，內心也更為踏實平靜。

　　許多人開始意識到業餘愛好對身心健康的幫助。雅婷在外商銀行擔任高階經理，平日工作壓力極大，但她從年輕時就喜歡種植花草植物，利用業餘時間培養這份興趣。每當看著植物從發芽到開花，她的心情便感到特別輕鬆愉悅。對她來說，業餘愛好不需賦予太多意義，只要能舒緩壓力、獲得快樂就已足夠。

　　業餘愛好之所以重要，是因為它提供了心理與生理的雙重調節作用。美國約翰霍普金斯大學醫學研究指出，適度的業餘活動，如繪畫、園藝、寫作或音樂，能有效降低皮質醇（壓力荷爾蒙）濃度，減輕焦慮與憂鬱症狀，從而維持更佳的健康狀態。

　　如何有效培養一項業餘愛好？

　　首先，應該選擇自己真正喜歡的活動，不論是繪畫、音樂、園藝或戶外運動，必須是真心感興趣才能長久維持。其

> 培養興趣，日常不再一陳不變

次，享受過程比追求結果更重要。培養興趣並非為了獲得成就，而是為了在過程中獲得心靈的滿足。此外，應盡量撥出固定的時間，規律地進行這項活動，使它逐漸融入你的生活節奏，成為一種生活習慣。

法國思想家伏爾泰（Voltaire）曾說：「沒有愛好的人生，就如同沒有調味料的菜餚一般乏味。」業餘愛好猶如一道調味料，讓我們的人生滋味更加豐富多元，既能緩解壓力，也能幫助我們獲得內在的喜悅。無論我們的職業或人生處於什麼階段，培養一項真心喜愛的興趣，都能為生命注入新鮮活力，享受更多美好與快樂。

第十二章　健康為本，打造幸福人生

健康無價

　　賺錢是為了改善生活品質，讓自己和家人過得更舒適，但若一味追求財富卻忽略了健康，最後必將得不償失。人一旦失去了健康，即使擁有再多財富也無法享受。德國哲學家阿圖爾·叔本華（Arthur Schopenhauer）曾經說過：「在所有幸福之中，人的健康要遠遠超過其他幸福。一個健康的乞丐，比一位生病的國王更幸福。」由此可見，健康是幸福生活的根本。

　　許多人年輕時體力旺盛，常為了追求事業成功，拚命加班熬夜，忽視了身體的保養。他們以為年輕時候可以隨意揮霍健康，但歲月終將提醒每個人，健康的損耗往往是無法回補的。根據美國哈佛大學的醫學研究顯示，人類身體機能從25歲以後就開始逐漸走下坡路，到了30歲左右，許多人便能感覺到體力逐漸下滑，40歲之後，身體機能更會明顯出現問題。這種自然規律提醒我們，想要在事業巔峰時期擁有充沛的精力，平時就必須重視健康。

　　有個著名的寓言故事講述了一名年輕人與上帝交易的過程。年輕人抱怨自己貧窮，上帝便提議他可以用健康換取財富，但一生只能做一次這樣的交易。年輕人毫不猶豫地答應，獲得大量財富後，卻無法停下腳步追求更多的金錢。當

健康無價

年老病重時，他懇求上帝再次交換健康，上帝卻拒絕了。

許多人往往在追逐財富的過程中，忘記了健康才是真正無價的寶藏。

現實生活中，有許多知名人士因忽視健康而付出巨大代價。賈伯斯雖然取得了無比輝煌的事業成就，但他自己也在臨終前表示，如果能重來，他更願意好好照顧自己的身體，更加注重與家人共處的時間，而非將所有精力都投入工作。他的遺憾提醒我們，金錢與成就無法取代健康與生命。

企業家志鵬，從年輕時就抱持著「拚命三郎」的精神創業，成功建立了自己的事業帝國。但多年來他忽視身體的警訊，不斷熬夜工作，最終在 50 歲左右出現嚴重的健康危機。他在病榻上無力地說：「如果可以重新選擇，我寧願放慢腳步，享受平凡的幸福，勝過用生命去交換財富。」這些話真實地道出無數成功人士的共同心聲，成功雖然可貴，但若以健康為代價，便失去了真正的意義。

相反地，許多長壽且健康的成功人士，都特別強調保養身體的重要性。巴菲特儘管已超過 90 歲，依然保持著相當好的健康狀態。他在多次公開場合都表示，除了投資理財外，最重要的投資就是健康。他主張適度工作、適度休息，將健康視為自己最大的資產，因為健康的身體才是真正持續創造財富的基礎。

第十二章　健康為本，打造幸福人生

　　當然，財富與成功並非不重要，但任何成功都不應以犧牲健康為代價。哈佛大學一項心理研究指出，人類的快樂與收入在達到基本需求後便不再有明顯的相關性，過多追求物質，反而容易導致壓力過大、身心失衡。由此可見，追求平衡且健康的生活，才是獲得真正快樂與滿足的關鍵。

　　回顧我們的日常生活，每個人都應該謹記，健康的身體才是真正的財富。事業、金錢、名望，這些外在的光環都可能隨時消散，但健康若消失，便可能永遠無法挽回。因此，在拚搏的路上，適時停下來照顧自己，不僅僅是為了長遠的成功，更是為了我們生命中真正重要的幸福與快樂。

　　記住，千萬不要為了金錢而賠上健康，因為健康才是我們一生中最珍貴的寶藏。

健康無價

國家圖書館出版品預行編目資料

從容人生學，12條哈佛幸福法則：追逐成功，卻忘了快樂？幸福不是公式，而是一場與自己的對話，學會傾聽內心，找到心中真正的富足 / 林安然 著 . -- 第一版 . -- 臺北市：財經錢線文化事業有限公司, 2025.04
面； 公分
POD版
ISBN 978-626-408-225-9(平裝)
1.CST: 人生哲學 2.CST: 生活指導
191.9　　　　　　114004007

從容人生學，12條哈佛幸福法則：追逐成功，卻忘了快樂？幸福不是公式，而是一場與自己的對話，學會傾聽內心，找到心中真正的富足

作　　者：林安然
發 行 人：黃振庭
出 版 者：財經錢線文化事業有限公司
發 行 者：崧燁文化事業有限公司
E - m a i l：sonbookservice@gmail.com
粉 絲 頁：https://www.facebook.com/sonbookss/
網　　址：https://sonbook.net/
地　　址：台北市中正區重慶南路一段61號8樓
8F., No.61, Sec. 1, Chongqing S. Rd., Zhongzheng Dist., Taipei City 100, Taiwan
電　　話：(02) 2370-3310　傳真：(02) 2388-1990
印　　刷：京峯數位服務有限公司
律師顧問：廣華律師事務所 張珮琦律師

-版權聲明

本書作者使用 AI 協作，若有其他相關權利及授權需求請與本公司聯繫。
未經書面許可，不得複製、發行。

定　　價：350 元
發行日期：2025 年 04 月第一版
◎本書以 POD 印製